高校图书馆读者服务研究

刘 斌 ◎ 著

吉林出版集团股份有限公司

版权所有　侵权必究

图书在版编目（CIP）数据

高校图书馆读者服务研究 / 刘斌著. — 长春：吉林出版集团股份有限公司，2024.4
ISBN 978-7-5731-4865-0

Ⅰ.①高… Ⅱ.①刘… Ⅲ.①院校图书馆－图书馆服务－研究 Ⅳ.①G258.6

中国国家版本馆CIP数据核字（2024）第079258号

高校图书馆读者服务研究
GAOXIAO TUSHUGUAN DUZHE FUWU YANJIU

著　　者	刘　斌
出版策划	崔文辉
责任编辑	杨　蕊
封面设计	文　一
出　　版	吉林出版集团股份有限公司
	（长春市福祉大路5788号，邮政编码：130118）
发　　行	吉林出版集团译文图书经营有限公司
	(http://shop34896900.taobao.com)
电　　话	总编办：0431-81629909　营销部：0431-81629880/81629900
印　　刷	北京昌联印刷有限公司
开　　本	787mm×1092mm　1/16
字　　数	220千字
印　　张	14
版　　次	2024年4月第1版
印　　次	2024年4月第1次印刷
书　　号	ISBN 978-7-5731-4865-0
定　　价	83.00元

如发现印装质量问题，影响阅读，请与印刷厂联系调换。电话：010-82751067

前　言

在当今信息时代，高校图书馆作为知识的仓库和学术交流的重要场所，承担着培养学生综合素质和提升教育质量的使命。为了更好地满足广大读者的学术和信息需求，高校图书馆的读者服务显得尤为重要。

高校图书馆一直以来都是学术和文化传承的中心，是学生学业生涯中不可或缺的学习场所。然而，随着信息技术的不断发展和社会变革的加速，图书馆的角色也在不断演变。传统的纸质图书馆逐渐向数字图书馆、虚拟图书馆等多元化方向发展，为读者提供了更广泛、更便捷的学术资源。在这个过程中，高校图书馆的读者服务不仅需要适应新的信息环境，更需要不断提升服务质量，以满足读者多样化的需求。

本书通过对高校图书馆的读者服务进行深入研究，旨在全面了解现有的服务模式，发现其中存在的问题，并提出改进建议。

在本书中，我们将通过对高校图书馆读者服务的多角度深入研究，努力为高校图书馆的服务提升提供创新性的建议。我们相信，通过不断优化图书馆的服务体系，为培养具有创新能力和综合素质的优秀人才做出更大的贡献。

目 录

第一章 高校图书馆读者特征与需求分析 ············· 1

    第一节 高校学生与教职员工的阅读行为特征 ············· 1

    第二节 不同学科领域读者的需求差异 ············· 17

    第三节 数字时代下读者信息获取与利用的模式 ············· 36

第二章 现代技术在高校图书馆读者服务中的应用 ············· 57

    第一节 图书馆自动化系统与数字化服务 ············· 57

    第二节 移动应用程序与图书馆服务扩展 ············· 79

    第三节 虚拟现实与增强现实技术在读者服务中的实践 ············· 98

第三章 高校图书馆个性化读者服务模式 ············· 111

    第一节 个性化阅读推荐系统 ············· 111

    第二节 读者关系管理（CRM）在高校图书馆的应用 ············· 127

第四章 图书馆空间设计与读者体验 ············· 137

    第一节 空间布局与图书馆氛围的影响 ············· 137

    第二节 舒适性与便利性的平衡 ············· 158

    第三节 科技融合的阅读空间设计 ············· 175

第五章 高校图书馆读者服务的评估与改进 ············· 195

    第一节 读者服务质量评估指标与方法 ············· 195

    第二节 数据分析与服务优化 ············· 205

    第三节 持续改进的策略与实践 ············· 213

参考文献 ············· 217

第一章 高校图书馆读者特征与需求分析

第一节 高校学生与教职员工的阅读行为特征

一、学生阅读偏好与频率分析

随着社会的不断发展，阅读已经成为学生学习和个人发展中不可或缺的一部分。然而，不同学生对阅读的偏好和频率存在差异，这反映了个体差异和文化背景的影响。下面旨在通过对学生阅读偏好和频率进行分析，探讨背后的原因以及对教育的启示。

（一）概述

阅读是知识获取的重要途径，也是培养学生综合素养的有效手段之一。通过对学生的阅读偏好和频率进行深入研究，我们可以更好地了解他们的学习需求和兴趣点，为教育提供更有针对性的策略和方法。

（二）学生阅读偏好的分析

1. 阅读材料的类型

不同学生对阅读材料的偏好存在差异。一部分学生更喜欢文学作品，而另一部分可能更倾向于科技或社会科学类的阅读。这种差异可能受到学科兴趣、家庭背景等多方面因素的影响。

2. 阅读形式

有的学生喜欢纸质书籍，认为纸质书的触感和味道是电子书无法替代的；而另一些学生更喜欢利用电子设备进行阅读，因为它们便携且可以随时随地获取所需信息。这种偏好可能与科技发展和个体学习方式有关。

（三）学生阅读频率的分析

1. 学科影响

不同学科的学生可能有不同的阅读频率。例如，文学专业的学生可能更频繁地阅读文学作品，而理工科专业的学生可能更专注于相关领域的专业文献。

2. 学业压力与阅读频率的关系

学生的学业压力可能影响其阅读频率。在紧张的学业环境下，一些学生可能因时间紧迫而减少阅读时间，而另一些可能通过阅读来减轻学业压力，寻找放松和愉悦。

（四）影响学生阅读偏好与频率的因素

1. 家庭背景

学生的家庭背景对其阅读偏好和频率有着重要的影响。家庭中是否有阅读氛围、父母的阅读习惯等因素都可能对学生的阅读行为产生深远影响。

2. 学校教育环境

学校教育环境同样对学生的阅读产生影响。学校是否注重阅读教育、提供丰富的阅读资源等因素都会影响学生的阅读兴趣和频率。

（五）对教育的启示

通过对学生阅读偏好与频率的分析，我们可以为教育提供一些建议：

1. 制定差异化教育策略

根据学生的阅读偏好制定差异化的教育策略，满足不同学生的需求，激发他们的学习兴趣。

2. 提供多样化的阅读资源

学校和家庭应提供丰富多样的阅读资源，包括不同类型的书籍、电子资料等，满足学生多元化的阅读需求。

3. 培养阅读习惯

通过家庭和学校的共同努力，培养学生良好的阅读习惯，使阅读成为他们生活中的一部分。

学生阅读偏好与频率的分析有助于我们更全面地了解学生的学习需求和个体

差异。通过理解这些差异，我们可以更好地制定教育策略，提升学生的阅读兴趣和水平，推动教育的不断发展。

二、教职员工阅读行为的特点与趋势

随着信息时代的不断发展，教育领域的教职员工阅读行为也在发生着深刻的变化。了解教职员工的阅读特点与趋势对于提升教育质量、推动教育改革具有重要意义。下面将深入探讨教职员工阅读行为的特点，分析影响这些特点的因素，并展望未来可能的发展趋势。

（一）教职员工阅读行为的特点

1. 学术性阅读的普遍性

教职员工普遍具有较高的学术水平，因此学术性阅读在其日常工作中占据着重要地位。这种阅读强调深度和广度，包括对学科前沿的关注、学术论文的阅读和批判性思考等。

2. 跨学科阅读的需求

随着教育学科的交叉融合，教职员工需要进行跨学科阅读，以拓展知识面、促进创新。他们可能涉及心理学、社会学、经济学等多个领域的文献阅读，以更好地应对教育问题的复杂性。

3. 实践性阅读的重要性

除了学术性阅读，教职员工还需要关注实践性阅读，包括教育法规、教材教法更新等方面的资料。这有助于他们更好地适应教育实践中的变化，提升教学效果。

（二）影响教职员工阅读行为的因素

1. 学科背景

不同学科的教职员工阅读行为可能存在差异。例如，理工科教师可能更倾向于阅读最新的科研进展，而文科教师可能更注重文学著作和社会科学研究。

2. 教育阶段

小学、初中和高中的教职员工可能面临着不同的教育要求，因此其阅读行为也可能有所不同。小学教师可能更关注基础教育理论，而高中教师可能更关注学科深度和专业性。

3. 教学经验

教学经验的不同也会影响教职员工的阅读行为。新手教师可能更需要参考教育心理学、教学法等方面的资料，而经验丰富的老师可能更注重研究生态系统中的变革和创新。

4. 技术应用

随着信息技术的快速发展，教职员工的阅读方式也发生了改变。使用电子书、在线期刊和教育平台等数字资源成为他们获取信息的主要途径之一。

（三）教职员工阅读行为的趋势

1. 数字化阅读的普及

随着数字化技术的普及，教职员工越来越倾向于使用电子设备进行阅读。这种趋势不仅提高了阅读的便捷性，还使得信息检索更为高效。

2. 开放获取文献的增加

开放获取文献的增加使得教职员工更容易获取到最新的研究成果。开放获取的推广促进了知识的分享和交流，为教育研究提供了更广阔的平台。

3. 跨学科研究的加强

教育领域的跨学科研究将成为未来的一个重要趋势。这将促使教职员工更广泛地进行跨学科阅读，以满足跨领域研究的需求。

4. 自主学习的重要性

教职员工将更加注重自主学习，通过参加学术会议、在线课程等形式不断提升自己的专业水平。这将推动他们更深入地参与到教育改革和创新中。

（四）对教育的启示

1. 加强数字素养培训

学校和教育机构应当加强教职员工的数字素养培训，提高其利用数字化工具进行阅读和研究的能力。

2. 推动开放教育资源建设

推动开放教育资源的建设，支持教职员工更好地获取各个学科领域的最新研究成果，促进知识的流通和分享。

3. 倡导跨学科合作

学校可以鼓励和支持跨学科研究，为教职员工提供跨领域学术交流的平台，促使其进行更广泛的学科阅读。

4. 强调实践与理论结合

教育机构应当强调实践与理论的结合，鼓励教职员工不仅关注学术性的阅读，也注重实践性的阅读，从而更好地将理论知识应用于实际教学中。

5. 支持自主学习机制

建立支持教职员工自主学习的机制，包括提供学术会议、研讨会、在线学习资源等，激励他们持续提升自己的学科水平，为教育事业贡献更多的智慧和力量。

教职员工阅读行为的特点和趋势反映了教育领域在信息时代的变革与发展。了解这些特点和趋势，有助于学校和教育机构更好地制订相关政策和培训计划，提升教育从业者的专业素养，推动教育的创新与进步。

随着数字技术的普及，开放资源的丰富，以及教育跨学科研究的加强，教职员工阅读行为将面临更多的可能性和挑战。培养他们良好的阅读习惯，提高信息获取和整合的能力，是未来教育领域需要关注和加强的方向。

综上所述，教职员工阅读行为的特点与趋势研究不仅有助于深入了解教育从业者的知识结构和学科关注点，也为教育体系的创新与发展提供了重要的参考和启示。

三、阅读场景与时间分布研究

随着社会的不断进步和信息技术的飞速发展，人们的阅读方式和习惯也在发生巨大的变化。阅读场景与时间分布研究成为一门备受关注的学科，旨在深入了解个体在不同场景和时间段内的阅读行为，以便更好地应对信息时代的挑战。下面将从阅读场景和时间分布两个维度，对相关研究进行深入分析。

（一）阅读场景的特点

1. 传统纸质阅读场景

过去，人们主要通过纸质书籍报刊进行阅读，这一传统的阅读场景通常发生在图书馆、书店、家庭等静谧的环境中。这种场景以安静、专注为特点,有助于读者深度思考和沉浸在文字中。

2. 数字阅读场景

随着电子设备的普及,数字阅读场景逐渐崭露头角。人们可以通过电脑、平板、手机等设备随时随地进行数字阅读。这种场景的特点是灵活多样,读者可以根据需要在不同环境中进行阅读,如公交车上、咖啡店中,甚至是户外公园。

3. 社交媒体阅读场景

社交媒体的兴起为阅读场景注入了新的元素。很多人在社交平台上获取新闻、博客、评论等信息,形成了一种互动性较强的阅读场景。这种场景具有即时性和社交性,读者可以与他人分享、评论,形成信息传播的网络。

(二)阅读时间分布的特点

1. 日常碎片化阅读

随着生活节奏的加快,人们的阅读时间逐渐变得碎片化。在公交车上、午休时间、等待排队时,人们倾向于通过手机进行短时的阅读。这种碎片化的阅读方式对信息获取提出了更高的要求,要求读者在有限时间内快速获取有效信息。

2. 晚间深度阅读

尽管白天受到工作和生活的干扰,很多人仍然选择将深度阅读安排在晚间。晚上的阅读时间更为宁静,适合沉浸式思考和深度学习。这也反映了一部分人对高质量阅读体验的追求。

3. 周末阅读

周末通常是人们较为宽松的时间,很多人会选择在周末进行阅读。这种时间分布特点使得周末成为书店、图书馆等阅读场所的高峰期,同时也是社交媒体上阅读活动的多发时段。

(三)影响阅读场景与时间分布的因素

1. 工作与学习压力

工作与学习压力是影响阅读场景与时间分布的重要因素。在工作繁忙的情况下,人们可能更倾向于碎片化的阅读,而在相对宽松的周末或晚上则更容易进行深度阅读。

2. 科技发展

科技的不断发展为数字阅读提供了便利条件。智能手机、平板电脑等设备的普及，以及各种在线阅读平台的涌现，使得人们可以在不同场景、不同时间进行数字化的阅读。

3. 社交因素

社交因素也在一定程度上影响了阅读场景。一些人更喜欢在社交媒体平台上获取信息，通过与他人交流分享来获取更广泛的视角，而另一些人则更喜欢在安静的环境中进行个人阅读。

（四）未来阅读场景与时间分布的趋势

1. 虚拟现实阅读

随着虚拟现实技术的不断成熟，虚拟图书馆、虚拟学术会议等虚拟阅读场景可能会逐渐兴起。人们可以通过虚拟现实设备在虚拟空间中进行深度阅读，创造更为个性化和沉浸式的阅读体验。

2. 智能化推荐与定制

未来阅读平台可能会更加智能化，根据个体的阅读偏好、时间习惯等因素，提供个性化的阅读推荐和定制化的阅读计划。这将更好地满足个体多样化的阅读需求。

3. 跨平台整合

为了适应人们多样化的阅读场景和时间分布，阅读平台可能会更加注重跨平台的整合，使得读者可以在不同设备上无缝切换，保持阅读的连贯性。

4. 强调社交化阅读体验

社交化阅读将成为未来的一个趋势。阅读平台可能会更加注重读者之间的交流和分享，通过评论、讨论、社交分享等方式，构建一个更加互动和社群感强烈的阅读环境。

5. 引入新型媒体元素

未来阅读场景可能会引入更多的新型媒体元素，如虚拟现实、增强现实等技术,使得阅读变得更为丰富多彩。这将为读者提供更生动的阅读体验,超越传统纸质书籍的阅读形式。

(五)对教育与媒体的启示

1. 个性化教学与学习

了解阅读场景与时间分布的特点有助于个性化教学的实施。教育者可以更有针对性地设计教材和课程,满足学生在不同时间和场景下的学习需求,提高学习效果。

2. 媒体创新与内容丰富性

媒体机构应当关注阅读场景与时间的变化,积极进行创新,提供适应不同场景和时间分布的阅读内容。多元化的内容形式和丰富的媒体元素将吸引更多读者的关注。

3. 培养信息素养

随着阅读场景与时间的多样化,培养信息素养成为非常重要的教育目标。学生需要具备适应不同阅读场景的能力,能够在碎片化的时间内高效获取和处理信息。

阅读场景与时间分布的研究对于理解人们的阅读行为、满足个体多样化的阅读需求具有重要意义。随着科技的发展,人们的阅读方式正在不断演变,新型的阅读场景和时间分布也在不断涌现。理解这些趋势,对于教育、媒体和社会的发展都有着积极的影响。

未来的阅读将更加智能、个性化、社交化,为读者提供更为丰富的阅读体验。教育和媒体机构需要不断创新,适应这一变化,以更好地服务于人们的学习和阅读需求。

四、数字化阅读在高校群体中的普及程度

随着信息技术的飞速发展,数字化阅读成为当代高校群体获取知识和信息的主要方式之一。数字化阅读以其便捷性、实时性和多样性受到越来越多学生和教职员工的青睐。下面将深入研究数字化阅读在高校群体中的普及程度,探讨其影响因素、优势与挑战,并对未来的发展趋势进行展望。

（一）数字化阅读的定义与特点

1. 数字化阅读的定义

数字化阅读是指通过数字化设备，如电子书阅读器、平板电脑、智能手机等，阅读电子书籍、学术论文、新闻资讯等数字化格式的文献资料。与传统纸质阅读相比，数字化阅读更注重数字技术的应用，拓展了阅读的形式和渠道。

2. 特点

便捷性：数字化阅读可以随时随地进行，不受时间和地点的限制。学生和教职员工可以通过各种数字设备随身携带大量的书籍和文献，方便快捷地获取所需信息。

实时性：数字化阅读使得学术论文、新闻等信息能够在第一时间内传达给用户，增强了信息获取的实时性。尤其在学术研究领域，及时获取最新的研究成果对于学术工作者至关重要。

多样性：数字化阅读提供了多种文献格式，包括电子书、PDF、在线期刊等。用户可以根据个人喜好选择不同的阅读方式，丰富了阅读体验。

（二）数字化阅读在高校群体中的普及程度

1. 学生阅读

（1）课程资料

学生通过数字化阅读获取课程相关资料已经成为常态。教材、课件等数字化资源广泛应用于高校教学，学生可以通过电子设备方便地查阅和学习。

（2）学术研究

在学术研究领域，学生通过数字化阅读可以获取到全球范围内的学术期刊、论文数据库，促使学术交流更加广泛和深入。

（3）课外阅读

数字化阅读也在丰富学生的课外阅读体验，通过在线图书馆、电子书平台等，学生可以获取到更多丰富多彩的阅读资源，拓展知识面。

2. 教职员工阅读

（1）学术研究

教职员工通过数字化阅读能够更方便地进行学术研究。他们可以通过在线数据库、学术搜索引擎等渠道，获取到全球范围内的最新研究成果，加速研究过程。

（2）教材备课

数字化阅读为教职员工的教材备课提供了更多可能性。通过电子教材、在线教育资源，教师可以更灵活地选择和准备教材，提高教学的多样性和灵活性。

（3）专业发展

在专业发展方面，教职员工通过数字化阅读可以关注国际学术动态，参与学术讨论，从而提升个人的学术水平和专业素养。

3.普及程度的因素

（1）技术水平

数字化阅读的普及程度与个体的技术水平密切相关。熟练使用电子设备和阅读应用的人更容易接受数字化阅读，而技术水平相对较低的人可能存在一定的抵触情绪。

（2）数字阅读设备的普及

数字阅读设备的普及程度也是影响数字化阅读普及的关键因素。随着电子书阅读器、平板电脑等设备价格的逐渐下降，更多的人能够购买和使用这些设备，促进了数字化阅读的推广。

（3）学校支持与资源

学校对数字化阅读的支持和提供的资源也直接关系到其在高校群体中的普及程度。学校是否提供数字图书馆、在线期刊等资源，以及是否推动教学内容的数字化，都是影响因素之一。

（三）数字化阅读的优势与挑战

1.优势

（1）便捷高效

数字化阅读提供了随时随地获取信息的便捷性，大大提高了学生和教职员工的学习和研究效率。通过数字设备，用户可以轻松携带大量图书、论文等资料，避免了传统纸质阅读的烦琐和限制。

（2）多样化的阅读体验

数字化阅读平台提供了多种多样的阅读体验。用户可以选择电子书、在线期刊、博客等不同类型的文献，丰富了阅读的层次和内容，满足了不同用户的阅读需求。

（3）实时更新

数字化阅读使得信息能够实时更新。学术研究领域的最新成果、新闻媒体的实时报道都可以通过数字化阅读渠道第一时间获取，帮助用户保持对领域动态的敏感性。

（4）节省资源

相比纸质阅读，数字化阅读更环保，节省了大量纸张和印刷资源。这符合当代社会对可持续发展的追求，也减轻了图书馆等机构的负担。

2. 挑战

（1）数字鸿沟

数字化阅读在普及的同时也带来了数字鸿沟的问题。一些地区、群体因为技术水平、经济水平等原因，难以享受到数字化阅读的便利，导致信息获取的不均衡。

（2）阅读体验差异

尽管数字化阅读提供了多样化的阅读体验，但一些人依然偏爱传统纸质书籍的触感和香气。数字化阅读可能无法完全替代传统阅读方式，导致阅读体验的差异。

（3）版权和隐私问题

数字化阅读涉及大量的数字化内容和个人信息，因此涉及版权和隐私问题。保护数字内容的版权，同时确保用户的个人隐私安全，是数字化阅读发展过程中需要解决的挑战。

（4）数字安全问题

数字化阅读平台存在着信息泄露、恶意攻击等数字安全问题。这些问题可能影响用户对数字化阅读的信任度，需要通过技术手段和制度规范来保障数字化阅读的安全性。

（四）未来数字化阅读的发展趋势

1. 强化个性化服务

未来数字化阅读平台可能会更加强调个性化服务，根据用户的阅读历史、兴趣爱好等信息，为用户推荐更精准的阅读内容，提升阅读体验。

2. 结合人工智能技术

人工智能技术将更广泛地应用于数字化阅读领域。通过分析用户的阅读习惯，智能推荐系统可以更精准地为用户推荐内容，提高阅读效率。

3. 拓展跨学科阅读

未来数字化阅读可能会进一步拓展跨学科阅读的范围，为用户提供更多跨学科的文献资源，促使用户深入了解不同领域的知识。

4. 加强数字安全与隐私保护

随着数字化阅读规模的扩大，数字安全和隐私问题将更加凸显。未来数字化阅读平台需要加强技术手段和管理制度，保障用户的数字安全和隐私权益。

5. 推动数字阅读教育

数字阅读教育将成为未来的一个发展方向。高校可以通过课程设置、培训活动等方式，提升学生和教职员工的数字阅读能力，使其更好地利用数字化阅读资源。

（五）对高校及社会的启示

1. 教育数字素养

高校应重视培养学生和教职员工的数字素养。通过开设相关课程、提供培训，加强对数字化阅读工具和平台的使用能力，帮助他们更好地适应数字化阅读环境。

2. 加强数字阅读平台建设

学校和相关机构需要加强数字阅读平台的建设，提供更多、更好的数字化阅读资源。同时，关注平台的安全性和用户隐私保护，确保用户在数字化阅读中的安全感。

3. 推动数字化阅读文化建设

数字化阅读文化的建设是社会各界的共同责任。政府、学校、企业等应共同推动数字化阅读文化的普及，为人们提供更好的数字化阅读环境，促进信息共享和学术交流。

数字化阅读在高校群体中已经取得了广泛的应用，成为学生和教职员工获取信息和知识的重要途径。数字化阅读的普及程度在于个体的技术水平、数字设备的普及、学校支持与资源等多方面因素的影响。虽然数字化阅读带来了便捷、实时、多样化的阅读体验，但也面临着数字鸿沟、阅读体验差异、版权与隐私问题、数字安全等挑战。未来，数字化阅读有望通过强化个性化服务、结合人工智能技术、拓展跨学科阅读、加强数字安全与隐私保护等方式进一步发展壮大。

在高校及社会层面，应加强对数字化阅读的教育培训，提高学生和教职员工的数字素养。同时，学校需要加强数字阅读平台的建设，提供更多、更好的数字化阅读资源，关注平台的安全性和用户隐私保护。推动数字化阅读文化建设，促进信息共享和学术交流，将数字化阅读融入学术与文化的传承中。

数字化阅读的未来发展充满潜力，随着技术的不断进步和社会对数字化的接受程度的提高，数字化阅读将在高校群体中继续发挥重要作用，为知识获取、学术研究、个人成长等领域提供更为便捷、多样的选择。

五、阅读资源偏好与来源分析

在信息时代，人们获取知识和信息的途径变得日益多样化，而阅读作为一种重要的知识获取方式，其资源的偏好与来源成为学术研究和社会关注的焦点之一。下面将深入探讨个体在阅读过程中的资源偏好，以及这些资源的来源，旨在揭示阅读行为背后的特征与趋势。

（一）阅读资源偏好

1.纸质书籍

纸质书籍一直以来都是人们获取知识的传统途径，其在阅读资源中仍然占有重要地位。一些读者偏好纸质书籍的实体触感、书香味道以及在纸张上阅读的沉浸感。

2.电子书

随着科技的发展，电子书的普及也逐渐提升。电子书的便携性、可存储性以及数字化特性，使得一些人更愿意选择电子书作为阅读资源。电子书平台的涌现也为读者提供了更为多元化的选择。

3. 在线文章与博客

随着互联网的发展，许多人喜欢通过在线文章和博客获取信息。这种资源的优势在于及时更新、互动性强，读者可以在文章下方评论，形成互动社区。

4. 学术期刊与论文

对学术界从业者和学生而言，学术期刊和论文是重要的阅读资源。这些资源通常包含最新的研究成果和学术观点，对于深度学习和专业领域的了解至关重要。

5. 社交媒体内容

社交媒体成为人们获取信息和阅读资讯的重要平台。新闻、专栏、用户生成的内容等形式丰富多样，吸引着大量用户通过社交媒体进行阅读。

（二）阅读资金来源

1. 图书馆

传统的图书馆仍然是许多人获取阅读资源的主要来源。图书馆具有大量的纸质书籍、学术期刊以及电子书，为读者提供了广泛的选择。

2. 书店

书店作为商业化的阅读资源提供者，满足了读者对购买图书的需求。实体书店和在线书店共同构成了书籍销售的渠道。

3. 在线阅读平台

随着电子书和在线阅读的兴起，各种在线阅读平台如 Kindle、阿里阅读、豆瓣阅读等应运而生。这些平台提供了电子书、小说、杂志等多样化的阅读资源。

4. 学术数据库

对学术研究者而言，学术数据库是获取学术期刊、论文等学术资源的重要途径。常见的学术数据库包括 PubMed、IEEE Xplore、谷歌学术等。

5. 社交媒体

社交媒体平台上的内容也成为一种重要的阅读来源。新闻、博客、专栏等形式的内容在社交媒体上传播，吸引了大量用户的阅读与讨论。

（三）影响阅读资源偏好与来源的因素

1. 个体兴趣与专业需求

个体的兴趣爱好和专业需求是影响阅读资源偏好的关键因素。对于某一领域的专业人士，学术期刊和专业书籍可能更受青睐；而对于文学爱好者，小说和文学作品可能更具吸引力。

2. 技术水平与数字素养

个体的技术水平和数字素养直接影响了他们对于电子书和在线阅读平台的接受程度。对于技术娴熟的人群，更容易接受数字化的阅读方式。

3. 学术研究需求

在学术研究领域从事工作的人群更倾向于通过学术数据库获取阅读资源，以获取最新的研究成果和学术观点。

4. 社会文化背景

社会文化背景对阅读资源的选择能产生深远影响。在某些文化中，纸质书籍被视为传统的文化符号，因而更受人们喜爱；而在一些国家，电子书和在线阅读更为普及。

（四）阅读资源偏好与来源的趋势分析

1. 数字化阅读趋势

随着数字技术的飞速发展，数字化阅读的趋势不可逆转。电子书、在线阅读平台等数字化阅读方式将在未来继续得到推广，尤其在年轻一代中的普及度将更为明显。数字化阅读的便捷性、多样性以及与现代生活方式的契合度，将推动其在阅读资源中的占比进一步增加。

2. 个性化推荐与智能化阅读

随着人工智能技术的不断发展，个性化推荐将成为阅读资源提供平台的重要特色。通过分析用户的阅读历史、兴趣和需求，平台可以更准确地为用户推荐符合其口味的阅读材料，提高用户体验。

3. 在线社区与共享阅读

在线社区将在阅读资源中发挥更大的作用。读者通过在社交媒体上分享自己的阅读体验、推荐书单，形成阅读社区，实现读者之间的信息共享和互动，进一步丰富阅读的社交性。

4. 跨平台整合

未来阅读资源的趋势可能是跨平台整合。阅读平台可能更加智能地整合不同类型的阅读资源，提供更全面、个性化的阅读服务。读者可以在一个平台上获取来自不同来源的纸质书、电子书、学术论文等资源。

5. 着重数字素养与阅读教育

数字素养将成为未来阅读教育的重要方向。学校和社会应该加强对数字化阅读工具的培训，提高个体的技术水平，使更多人能够更好地利用数字阅读资源。

（五）对教育和社会的启示

1. 教育培养多元化阅读习惯

教育机构应该注重培养学生的多元化阅读习惯。除了传统纸质书籍，学生还应该了解和熟练使用电子书、学术数据库等数字化阅读资源，提高其获取信息的广度和深度。

2. 倡导数字化素养教育

数字化阅读的普及需要更多人具备较高的数字素养。学校和社会应该开展相关的数字化素养教育，培养人们正确使用数字工具、获取和评估数字化信息的能力，防范信息误导和谣言的传播。

3. 加强数字阅读平台建设

学校和相关机构应该加强数字阅读平台的建设，提供更全面、便捷、安全的数字阅读服务。平台的智能化推荐系统和个性化服务将成为未来发展的关键。

4. 关注阅读资源平等性

在数字化阅读的普及过程中，要关注阅读资源的平等性。数字鸿沟可能导致一些人群无法享受到数字阅读的便利，需要采取措施确保各个群体都能平等获得阅读资源。

阅读资源偏好与来源的分析有助于我们更深刻地理解人们在信息获取过程中的选择和取向。随着科技的发展和社会的变革，阅读资源呈现出数字化、个性化、社交化等新趋势。在未来，数字化阅读将继续引领阅读方式的变革，而教育和社会应积极应对这些变化，倡导数字素养教育，加强数字阅读平台建设，以推动阅读文化的更新和提升。

第二节 不同学科领域读者的需求差异

一、不同学科领域学术资源需求对比

学术资源是各学科领域进行研究和教学的基石，对不同学科的学者、研究者和学生而言，其需求存在显著的差异。下面将对不同学科领域的学术资源需求进行对比分析，深入探讨在不同学科领域中，学者们对于文献、期刊、数据库等学术资源的需求特点，以期为图书馆、学术出版社等提供学术资源的机构提供一些建议。

（一）社会科学领域的学术资源需求

1. 文献与著作

在社会科学领域，学者更加注重对经典文献和重要著作的研读。这些文献和著作包含了理论框架、社会现象的解释和分析方法等方面的基础性内容。因此，社会科学领域的学者对于全球范围内的重要文献需求较大。

2. 学术期刊

社会科学领域对学术期刊的需求也非常高。期刊中发表的研究论文、评论和综述往往是学者们获取最新研究成果、学术观点的重要途径。学者们会定期浏览主流期刊，关注领域内的前沿研究动态。

3. 统计数据与调查报告

社会科学研究常常需要大量的统计数据和调查报告来支持研究的实证分析。学者们关注国家统计局、社会调查机构等发布的相关数据，以及各类研究机构和智库的调查报告，用以验证和支持自己的研究结论。

4. 图书馆资源

社会科学学者在图书馆的需求也相当明显。图书馆作为传统的学术资源中心，提供了大量纸质书籍、期刊、报纸等资源，为学者提供了广泛而深入的文献支持。

（二）自然科学领域的学术资源需求

1. 学术期刊与研究论文

自然科学领域的学者对学术期刊和研究论文的需求是迫切的。科研进展日新月异，学者们需要及时获取最新的研究成果。高影响力期刊和重要国际会议上发表的论文是他们关注的焦点。

2. 实验数据与实验技术

自然科学研究通常需要实验数据的支持，学者们对于各类实验室生成的原始数据、实验技术手册的需求较为突出。这些数据和技术手册对于开展实验研究具有重要的指导作用。

3. 图书馆与实验室设备

自然科学研究涉及实验室设备和专业仪器的使用，因此学者们对于图书馆和实验室的设备资源需求较高。这包括专业图书馆中的参考书籍、设备手册，以及实验室内的仪器设备。

4. 全球合作与科研项目信息

自然科学领域的研究通常涉及全球范围内的合作与项目，学者们对于国际上的科研项目信息、合作机会的了解需求较大。这包括国际科研合作平台、国际会议等资源。

（三）工程技术领域的学术资源需求

1. 技术手册与标准

工程技术领域的学者对于各种技术手册和行业标准的需求较为迫切，这些手册和标准是他们进行实际工程设计和实施的基础性参考资料。

2. 学术期刊与会议论文

与自然科学类似，工程技术领域的学者对于学术期刊和会议论文的需求也很高。关注最新的研究成果和技术创新是他们保持学科领先地位的关键。

3. 设计软件与工程工具

工程技术领域通常需要使用各类设计软件和工程工具。因此，学者们对于这些软件和工具的使用手册、教程等资源有着较大的需求。

4. 行业报告与市场调研

工程技术研究与实际应用密切相关，因此学者们对于行业报告和市场调研的需求较大。这有助于他们更好地理解市场需求，指导工程设计和科研方向。

（四）人文学科领域的学术资源需求

1. 文学著作与文献

人文学科领域的学者对于文学著作和经典文献的需求较为显著。文学作品、历史文献等是人文学科研究的基石，学者们需要深入阅读这些作品以理解不同文化、历史时期的背景。

2. 学术期刊与评论

学术期刊对于人文学科的学者同样具有重要价值。这些期刊刊登的研究论文、评论和综述有助于学者们了解学科内的研究动态，拓展研究视野。

3. 图书馆资源

人文学科领域的学者对图书馆资源的需求也很大。图书馆中丰富的书籍、文献资料可以为他们提供深入研究的材料，支持他们在人文学科领域的学术探索。

4. 文化遗产与档案资料

研究人文学科的学者通常需要翻阅文化遗产和档案资料，以获取特定时期、地域的原始信息。这些资料对于历史、文学、艺术等研究至关重要。

（五）跨学科研究的学术资源需求

1. 跨学科期刊与综合数据库

随着学科交叉融合的加深，有越来越多的学者从事跨学科研究。这些学者通常需要查阅跨学科期刊和综合数据库，以获取多学科交叉领域的最新研究成果。

2. 综合性图书馆资源

跨学科研究需要更广泛的知识背景支持，因此学者们对于综合性图书馆资源的需求很大。这包括涉及多个学科领域的书籍、期刊等。

3. 跨学科合作平台

跨学科研究通常涉及多个学科领域的合作。因此，学者们对于跨学科合作平台的需求很高，以便更好地与其他领域的专家合作、交流研究成果。

4. 多媒体和数字资源

随着科技的发展，多媒体和数字资源在跨学科研究中的作用日益凸显。学者们需要访问包括数字化档案、在线视频、虚拟实验室等资源，以支持他们的研究。

不同学科领域的学术资源需求因学科性质、研究目标的不同而存在显著的差异。社会科学领域注重理论与实证研究的结合，更偏向文献和统计数据的使用；自然科学领域追求科技创新，对实验数据和最新研究成果的需求突出；工程技术领域需要大量的技术手册和标准，关注实际工程应用；人文学科领域注重对文学著作和文献的深入解读；而跨学科研究则需要综合多学科的资源支持。

为满足不同学科领域学者的学术资源需求，图书馆、学术出版社等机构可以采取差异化的服务策略。例如，提供定制化的学科导航服务，推出面向不同学科的数字化数据库，建立跨学科合作平台等。通过更好地理解学者的需求，相关机构可以更精准地提供支持，促进各学科领域的研究和交流。

二、科研与教学之间的信息需求差异

科研和教学是学术界两个核心的使命，它们共同构成了高等教育机构的基本职能。然而，在这两个领域中，学者和教育者所面对的信息需求存在显著差异。下面将深入探讨科研与教学之间的信息需求差异，着重分析在不同阶段、目标和方法中，学者和教育者对信息的不同需求，以期为高校图书馆、信息服务机构提供更精准的支持。

（一）科研中的信息需求

1. 文献检索与综述

科研的起点常常是对已有文献的检索与综述。在科研初期，学者需要全面了解所研究领域的研究现状，掌握前人的研究成果。这包括查阅相关的学术期刊、专业书籍、会议论文等，以建立对研究主题的深入认识。

2. 实验数据与研究方法

科研活动通常伴随着实验和数据的产生。学者需要获取实验数据，了解各类研究方法的应用。对于实验数据，学者可能需要使用各种数据库，了解最新的研究手段和技术。

3. 学术期刊和国际会议

在追求学术进展的过程中，学者需要持续关注学术期刊和国际会议上发表的最新研究成果。这些文献对于验证研究假设、拓展研究思路至关重要。

4. 跨学科合作和国际合作

科研常常需要跨学科合作以及国际合作。学者在这方面的信息需求包括了解其他领域的研究进展、寻找合作伙伴、获取国际合作的机会等。

5. 科研项目信息

获取科研项目的相关信息是科研活动中的重要一环。这包括了解各类科研项目的立项条件、申请要求以及相关的政策法规，以提高申请成功率。

（二）教学中的信息需求

1. 教材和教学资源

在教学过程中，教育者的首要信息需求是与课程相关的教材和教学资源。这包括教科书、参考书、教学视频、案例分析等，以支持他们的教学活动。

2. 教学方法与策略

教育者需要了解最新的教学方法和策略，以提高自己的教学效果。这包括了解教学设计的新理念、运用创新的教育技术以及学生参与式教学等。

3. 学生学业发展和心理健康信息

在教学工作中，教育者还需要关注学生的学业发展和心理健康状况。了解学生的学业需求，提供合适的指导和支持，对于促进学生全面发展至关重要。

4. 教育法规和政策

教育者需要了解国家和地区的教育法规、政策，以确保自己的教学活动符合法规要求，同时了解最新的教育政策变化，为教学提供指导。

5. 学科知识更新

与科研不同，教学更注重对学科知识的广泛了解和更新。教育者需要随时关注学科领域的新知识、新理论，以便在课堂上为学生传授最新的学科知识。

（三）信息需求差异的原因

1. 任务目标不同

科研和教学在任务目标上存在本质的不同。科研的目标是推动学科的发展，解决现实问题，产生新的知识。而教学目标是传授知识，培养学生的能力，帮助学生实现个人发展。

2. 时间紧迫性不同

科研活动通常是一个长周期的过程，需要耐心和深度的思考。相比之下，教学活动可能需要更及时的信息，以满足教学的实际需求。

3. 信息的深度与广度不同

科研通常要求更深入、更专业的信息，学者需要深入研究领域内的前沿问题。而教学更强调广度，需要覆盖更多的基础知识，以适应不同学生的学科需求。

4. 合作与交流方式不同

科研活动更注重学者之间的深度合作，需要广泛的交流和讨论。而教学活动更侧重于学生与教育者之间的互动和合作。因此，信息需求的重点也在于不同的合作和交流方式。

5. 研究生命周期阶段不同

科研和教学的信息需求还受研究生命周期阶段的影响。在科研初期，学者更侧重于获取大量的文献资料、熟悉研究领域。而在科研后期，重点可能转向实验数据的处理、结果分析以及论文写作。相比之下，教育者需要持续关注和适应学科知识的更新，并在教学过程中应对学生的不同学科背景和水平。

（四）高校图书馆与信息服务机构的支持策略

1. 针对科研的支持策略

（1）定制化的文献服务

高校图书馆可以提供个性化的文献服务，根据学者的研究领域和兴趣，定期推送相关领域的最新研究成果，帮助学者及时了解前沿动态。

（2）数据库和实验资源的开发

针对学者在实验数据和研究方法方面的需求，图书馆可以开发针对不同学科领域的数据库和实验资源平台，提供全面的支持。

（3）学术活动和合作机会的推送

图书馆可以组织学术活动，邀请国内外专家进行学术讲座，为学者提供交流和合作的机会，拓展他们的国际视野。

2. 针对教学的支持策略

（1）教材资源的收集和整理

图书馆可以定期收集和更新与不同学科相关的教材资源，建立数字化教材库，方便教育者查阅和选用。

（2）教学方法与策略的培训

为教育者提供关于最新教学方法和策略的培训，包括在线教育技术的使用、学科知识的创新教学方法等，以提高他们的教学水平。

（3）学科知识更新的推送服务

通过定期推送学科领域的最新研究成果、理论进展等信息，帮助教育者及时了解学科知识的更新，更好地为学生传授最新的知识。

3. 兼顾科研与教学的支持策略

（1）跨学科资源整合

为了满足科研与教学的双重需求，图书馆可以进行跨学科资源整合，建设一站式的数字资源平台，包括期刊、论文、教材、实验数据等，方便学者和教育者快速获取所需信息。

（2）多样化的培训和讲座

组织面向全校师生的多样化培训和讲座，涵盖科研方法、教学技能、学科前沿等方面，为全校师生提供全面的学术支持。

（3）学术社交平台建设

建设学术社交平台，为学者和教育者提供一个互动交流的空间，促进跨学科合作和信息共享，加强科研和教学之间的连接。

科研与教学作为高等教育的两个核心使命，学者和教育者在信息需求上存在明显的差异。针对这些差异，高校图书馆和信息服务机构应该制定差异化的支持策略，充分满足学者和教育者在科研和教学中的信息需求。通过提供个性化的服务、建设跨学科资源平台、组织多样化的培训和活动,高校图书馆可以更好地发挥在科研和教学中的支持作用,促进学术研究和教育事业的共同发展。

三、跨学科合作中的信息共享与交流难题

跨学科合作作为一种学科间协同的工作方式,旨在融合不同学科的专业知识,解决跨学科性问题,推动创新。然而,在这一过程中,信息共享与交流往往面临着一系列的难题,这些难题直接影响着合作的效果和成果。下面将深入探讨跨学科合作中信息共享与交流的难题,分析其原因,并提出一些可能的解决方案,以促进更加顺畅和有效的跨学科合作。

(一)跨学科合作的定义与背景

1. 跨学科合作的定义

跨学科合作是指不同学科领域的专业人才共同参与一个项目或研究方向,通过整合各自的专业知识,以期解决跨学科性问题,创造性地推动科学和技术的发展。

2. 跨学科合作的背景

跨学科合作在当代科学研究和创新中扮演着重要角色。面对越来越复杂、交叉的科学问题,传统的学科分割已经无法完全满足科学发展的需求。跨学科合作能够集结不同学科的专业知识,拓展问题的视野,从而更好地应对复杂性和多样性。

(二)跨学科合作中的信息共享与交流难题

1. 学科差异引发的理解难题

不同学科有着各自的专业术语、方法论和思维方式,这可能导致团队成员之间在问题定义、解决途径等方面产生理解障碍。信息共享在这一背景下变得困难,因为需要解决学科差异引发的语言和概念障碍。

2. 文化差异导致的沟通障碍

跨学科合作通常涉及来自不同文化背景的团队成员。文化差异可能导致沟通方式的不同,从而影响信息的传递和共享。有效的信息交流需要考虑到文化差异,否则可能出现误解和不适当的沟通。

3. 数据共享的技术困难

不同学科的研究者可能使用不同的数据格式、分析工具和软件，这导致了数据共享的技术困难。在科研项目中，要使得不同学科的数据能够被顺利地共享和整合，需要克服技术层面的障碍。

4. 学科权重失衡引发的合作问题

在跨学科团队中，不同学科的权重可能会因为项目的性质而发生失衡。一些学科的贡献可能会被过度强调，而其他学科的声音可能被忽略，这可能导致信息共享的不均衡和团队合作的问题。

5. 学科壁垒引发的信息孤岛

不同学科的专业知识往往形成了一种壁垒，导致各学科形成自己的信息孤岛。这使得信息在学科之间难以流通，团队成员可能无法充分了解其他学科的工作和进展。

（三）跨学科合作中信息共享与交流难题的原因分析

1. 学科差异

学科差异是导致信息共享与交流难题的根本原因。不同学科有着不同的术语、概念和方法，这使得团队成员之间难以建立共同的语言和理解框架，从而阻碍了信息的传递。

2. 文化差异

跨学科合作中涉及的研究者可能来自不同的国家和文化背景，文化差异可能导致在交流和共享信息时产生的误解和不同的期望。不同文化之间的沟通方式、表达方式、决策方式等都可能存在差异，从而增加了信息共享的难度。

3. 技术差异

在跨学科合作中，涉及不同学科的研究者使用各种不同的技术工具、数据格式和分析方法。这些技术差异可能导致数据共享和交流的技术困难，阻碍了信息的无缝传递。

4. 项目管理问题

在跨学科合作中，项目管理的不当也可能导致信息共享的问题。如果项目管理不善，没有建立有效的沟通渠道和协调机制，团队成员之间的信息流通将受到阻碍。

5. 学科权重失衡

学科权重失衡可能源于对某一学科的过度重视，或者对其他学科的忽视。这可能导致在信息共享和决策过程中，某些学科的声音被抑制，团队合作受到威胁。

6. 学科壁垒

学科壁垒是学科内部形成的一种封闭性，使得该学科内部的信息难以流通到其他学科。这种学科壁垒会导致信息孤岛的形成，使得团队成员无法充分了解其他学科的工作和进展。

（四）解决跨学科合作中信息共享与交流难题的策略

1. 建立共同的语言和概念

为了解决学科差异引发的理解难题，团队成员可以共同努力建立一个统一的术语和概念体系。这可能包括共同制定术语表、开展专业培训、建立跨学科研究中心等方式。

2. 强化团队沟通技能

面对文化差异导致的沟通障碍，团队成员可以通过培训和工作坊等方式，提升跨文化沟通技能。这包括对不同文化的理解、尊重差异、提高沟通效果的培训。

3. 制定统一的数据标准和协议

为了解决技术差异导致的数据共享问题，团队成员可以制定统一的数据标准和协议。这可能包括选择通用的数据格式、使用相同的分析工具、建立共享数据平台等。

4. 设立平等的合作机制

为了解决学科权重失衡引发的合作问题，团队可以设立平等的合作机制。这可能包括建立决策委员会，确保每个学科的声音都能被充分听取，避免某一学科过度主导合作过程。

5. 加强项目管理和协调

为了解决项目管理问题带来的信息共享困难，团队可以加强项目管理和协调工作。建立清晰的沟通渠道、制订有效的协作计划、定期召开团队会议等方式都有助于提高信息共享的效率。

6. 打破学科壁垒

为了解决学科壁垒引发的信息孤岛问题，团队成员可以采取积极的措施打破学科壁垒。这可能包括建立跨学科研究中心、开展学科交流活动、设立共享平台等。

跨学科合作无疑是推动科学与创新的一种重要模式，然而在这个过程中，信息共享与交流所面临的难题不可忽视。从学科差异、文化差异、技术差异、项目管理问题、学科权重失衡到学科壁垒，这些障碍影响了团队成员之间的有效合作。解决这些难题需要一系列综合性的策略，包括建立共同的语言、强化团队沟通技能、制定统一的数据标准和协议、设立平等的合作机制、加强项目管理和协调、打破学科壁垒等。

在未来，为了更好地促进跨学科合作，相关机构和团队应该致力于营造更加开放、包容和合作的氛围。这包括提供跨学科培训、建设跨学科研究中心、制定相关政策以鼓励跨学科研究等方面的工作。同时，科研人员和团队成员也需要不断提高自身的跨学科素养，适应不同学科间的合作环境，主动解决信息共享与交流中的难题。

跨学科合作是解决复杂问题、推动科学进步的有效途径，只有充分认识并应对信息共享与交流中的困难，才能更好地发挥跨学科合作的优势，推动科学研究不断取得新的突破。通过共同努力，可以建立更加紧密、高效的跨学科团队，为人类面临的重大挑战提供更加全面、创新的解决方案。

四、高校图书馆如何满足多元学科的阅读需求

高校图书馆作为学术机构的核心资源中心，其使命之一是为广大师生提供丰富、多元的阅读资源，以支持学术研究、教学和学科发展。然而，随着学科的不断拓展和深化，多元学科的阅读需求也在不断增长，给图书馆提出了更高的挑战。下面将深入探讨高校图书馆如何满足多元学科的阅读需求，涵盖了资源采集、服务创新、数字化发展等方面的策略。

（一）多元学科阅读需求的背景

1. 学科多元化趋势

当前，高校的学科设置越发多元化，新兴学科不断涌现，而传统学科也在不断拓展和深化。这使得学生和研究者的阅读需求变得更加广泛和多样化，涉及自然科学、社会科学、工程技术、医学健康等众多领域。

2. 跨学科研究的兴起

跨学科研究的兴起进一步加大了阅读需求的多样性。许多前沿问题和复杂挑战需要不同学科的知识相互融合，这促使学者跨足多个学科领域进行研究，对图书馆提出了更高层次的要求，要能够支持跨学科的阅读和研究。

3. 学术交流与国际化

学术交流和国际化也在推动多元学科阅读需求的增长。国际的学术合作和交流需要获取更广泛的学科信息，了解国际前沿研究成果，这要求图书馆能够提供更全球化、多语言的阅读服务。

（二）资源采集策略

1. 多学科资源采集

为满足多元学科的阅读需求，图书馆应采取多学科资源采集策略。这不仅仅包括关注传统主流学科的文献资源，还要关注新兴学科、交叉学科的文献，确保馆藏涵盖更广泛的知识领域。

（1）扩大纸质文献收藏范围

通过扩大纸质文献收藏范围，包括增加不同学科的图书、期刊、报纸等纸质文献，满足学生和教职员工对于传统阅读材料的需求。

（2）数字资源订购与开放获取

大力发展数字化资源，通过购买学科数据库、订阅电子期刊、引进开放获取资源，为用户提供更为便捷的阅读途径。数字资源的开放获取也是提高信息共享度的有效途径。

（3）跨学科数据库的引入

引入跨学科数据库，涵盖多个学科领域的学术文献、数据和其他相关资源，帮助用户更全面地获取信息，促进跨学科研究。

2.特色馆藏建设

为满足多元学科的阅读需求，图书馆还可以通过建设特色馆藏来提供更加个性化的服务。

（1）学科专题馆藏

根据学校的学科优势，建设学科专题馆藏，集中收藏与该学科相关的精品文献、研究报告和其他资料，以满足师生深度阅读的需求。

（2）跨学科主题馆藏

设立跨学科主题馆藏，集中收藏与热门跨学科研究领域相关的文献，为跨学科研究提供更为便捷的资源访问。

（3）地方特色文献馆藏

考虑到地方文化和特色，建设地方特色文献馆藏，收藏与地方相关的历史、文学、社会等方面的文献，为本地研究和教学提供支持。

（三）服务创新策略

1.跨学科阅读推荐服务

实施跨学科阅读推荐服务，根据用户的学科背景、兴趣爱好和研究方向，向其推荐跨学科的阅读材料，帮助用户更好地拓展学科视野。

2.跨学科合作项目

推动跨学科合作项目，鼓励不同学科的研究者共同参与，促进各学科之间的交流与合作。图书馆可以作为项目的信息支持中心，提供相关阅读资源和信息服务。

3.主题导航与学科培训

设计主题导航网页，为不同学科领域的用户提供定制化的信息检索入口，使其能够更方便地获取所需的阅读资源。同时，开展学科培训活动，帮助用户提高信息检索和利用的能力，更好地利用图书馆的多元学科资源。

4.跨学科学术活动

组织跨学科学术活动，包括学术讲座、研讨会、跨学科论坛等，邀请不同学科领域的专家学者分享研究成果和经验。这不仅能够吸引学者和学生参与，还能够推动图书馆的跨学科资源得到更好的利用。

5. 资源定制与推广

根据用户的反馈和需求，定期进行资源定制，更新馆藏，确保满足用户对新领域、新研究方向的阅读需求。同时，通过各种渠道推广图书馆的多元学科资源，提高用户对这些资源的认知和利用率。

（四）数字化发展策略

1. 数字阅读平台建设

构建数字阅读平台，提供电子图书、期刊、学位论文等数字资源的在线阅读服务。通过数字平台，用户可以随时随地访问所需的学科资源，满足异地、异时的学术需求。

2. 开放获取资源推动

支持开放获取资源的使用，包括开展数字资源的开放获取倡议、建设开放获取知识库、鼓励学者将研究成果以开放获取方式发布。这有助于提高图书馆数字资源的覆盖面和可访问性。

3. 数据管理与共享服务

针对研究者的数据管理与共享需求，图书馆可以建设数据管理与共享服务平台，提供数据存储、分享、公开的支持。这有助于促进跨学科研究中数据的流通与应用。

4. 虚拟现实技术应用

利用虚拟现实技术，构建跨学科虚拟图书馆，提供沉浸式的学科体验。通过虚拟图书馆，用户可以在虚拟空间中获取并阅读不同学科领域的文献和资源，促进跨学科交流与合作。

（五）用户参与与反馈机制

1. 用户需求调查

定期进行用户需求调查，了解用户对不同学科资源的需求和期望。通过问卷调查、焦点小组讨论等方式，收集用户的意见和建议，为图书馆提供优化服务的依据。

2.用户培训与指导

开展用户培训与指导活动，帮助用户更好地了解图书馆的多元学科资源，提高其利用这些资源的能力。培训内容可以包括文献检索技巧、数字资源使用方法等。

3.用户参与图书馆决策

建立用户参与图书馆决策的机制，设立用户咨询委员会，邀请用户代表参与馆藏发展、服务提升等方面的决策过程，确保图书馆的服务更加贴近用户的实际需求。

4.持续改进与反馈机制

建立持续改进与反馈机制，鼓励用户对图书馆的服务提出意见和建议。通过建立反馈渠道，及时了解用户的体验和期望，从而进行及时的调整和优化。

（六）面临的挑战与未来展望

1.面临的挑战

信息爆炸与过载：随着信息的爆炸性增长，用户可能面临信息过载的困扰，如何提供精准、有针对性的服务是一个挑战。

跨学科知识更新：跨学科合作使得学科知识的更新速度加快，图书馆需要更敏捷地获取和整理新兴学科的文献资源。

数字资源的可持续性：数字资源的可持续性与长期稳定性是一个亟待解决的问题，特别是预算、技术支持等方面的考虑。

2.未来展望

智能化服务：随着人工智能技术的发展，图书馆可以引入智能化服务，通过推荐系统、智能检索等技术，更好地满足用户的个性化需求。

创新数字阅读体验：利用新兴技术，如虚拟现实、增强现实等，创新数字阅读体验，使用户能够更沉浸地进行学科交叉阅读。

全球学术资源共享：加强国际合作，推动全球学术资源的共享与开放，让用户能够更便捷地获取国际前沿研究成果。

数字资源可持续发展：加强数字资源的管理与维护，推动数字资源的可持续发展。这包括加强数字资源的长期存储、技术升级、许可协议的谈判与管理等方面，确保数字资源能够稳定、长期地服务于用户。

开放科研数据服务：鼓励科研人员分享、开放其研究数据，图书馆可以充当数据管理与共享的中心，提供相应的服务支持，促进科研数据的广泛使用与共享。

用户体验优化：不断优化图书馆的用户体验，包括界面设计、检索功能、服务流程等方面。通过用户调研和反馈，不断改进服务，使用户能够更轻松、高效地获取所需信息。

跨机构合作：加强与其他高校图书馆、研究机构的合作，建立联合采购、资源共享的机制，使得更广泛的学科资源能够覆盖多个机构，提升整体服务水平。

深度学科服务：针对一些特定学科领域，提供深度服务，包括主题培训、学术沙龙、专业咨询等，以满足深度学科研究的需求。

数字文献保护：针对数字文献的保护问题，建立相应的著作权、数字版权管理机制，确保数字资源的使用与传播合法、可持续。

高校图书馆在满足多元学科阅读需求方面面临着丰富而复杂的任务。通过资源采集、服务创新和数字化发展等多方面的努力，图书馆能够更好地满足不同学科背景的用户需求，支持学术研究和教学活动。在面临挑战的同时，图书馆可以不断寻求创新、提升服务水平，以适应高校学科发展的新要求。未来，随着科技的不断发展和社会的不断变迁，高校图书馆有望在数字化、智能化的浪潮中迎来更为广阔的发展前景，为学术研究和知识传播发挥更为重要的作用。

五、学科发展趋势对图书馆服务的影响

随着社会的不断发展和科技的迅速进步，各个学科领域都经历着快速的演变与发展。这种学科发展趋势对高校图书馆的服务产生了深远的影响。图书馆作为高校的知识中心和信息服务机构，其服务不仅需要紧密跟随学科发展的步伐，还要积极适应学科融合、交叉创新的新特点。下面将深入探讨不同学科发展趋势对图书馆服务的具体影响，并提出相应的应对策略。

（一）学科发展趋势的背景

1. 学科多元化

随着科学研究的深入和社会需求的多样化，各学科领域呈现出明显的多元化趋势。传统的基础学科不断拓展，同时新兴交叉学科涌现，如生物信息学、数

科学等。这种多元化不仅丰富了学科体系，也对图书馆的服务提出了更为广泛和复杂的需求。

2. 跨学科合作

学科之间的界限逐渐变得模糊，跨学科合作成为科研的新趋势。研究者不再局限于自己的学科领域，而是积极寻求与其他学科的合作，以解决更为复杂的问题。这种合作方式要求图书馆能够提供更广泛、更交叉的学科资源，并支持不同学科之间的信息共享。

3. 技术与创新的推动

新技术的应用和创新的不断涌现，推动着学科的快速发展。例如，人工智能、大数据、虚拟现实等技术在各学科中的应用，催生了新的研究方向和方法。图书馆需要不断更新数字资源，以适应这些新技术背后的学科变革。

（二）学科发展趋势对图书馆服务的影响

1. 馆藏发展与优化

（1）多元学科馆藏

学科多元化要求图书馆的馆藏不仅要覆盖传统学科，还需要增加对新兴学科和交叉学科的收藏。这包括电子书、电子期刊等数字资源，以满足研究者对不同学科文献的需求。

（2）面向跨学科的特色馆藏

针对跨学科合作的需求，图书馆可以建设特色馆藏，集中收藏与研究者合作频繁的跨学科领域的文献，提供更为深入的学科服务。

2. 数字化服务创新

（1）智能检索与推荐

应用智能检索技术，通过分析用户的检索行为和学术兴趣，为用户提供更智能、个性化的检索服务。同时，通过推荐系统向用户推送相关度更高的文献，帮助其发现潜在的交叉学科研究机会。

（2）开放获取与数字化资源共享

随着开放获取运动的兴起，图书馆可以积极参与开放获取资源的推广和服务。

这有助于提高数字资源的可访问性，为广大研究者提供更多的学术资源，同时促进全球学术交流。

（3）数据管理与科研支持服务

学科的发展离不开大量的研究数据，图书馆可以发挥更大的作用，提供数据管理、共享和支持服务。这包括建设数据存储平台、推动数据开放共享、提供数据分析工具等，以满足研究者在数据获取和处理方面的需求。

3. 学科培训与支持

（1）跨学科培训项目

为适应跨学科合作的趋势，图书馆可以推动跨学科培训项目。通过组织研讨会、讲座、培训班等形式，帮助研究者了解不同学科的研究方法、技术工具，提高其跨学科合作的能力。

（2）学科导师与专业咨询服务

建立学科导师制度，为研究者提供专业咨询服务。导师可以帮助研究者了解学科发展趋势，指导其在学术研究和学科交叉方面的发展，提供更加个性化的学科支持。

4. 空间布局与设施优化

（1）跨学科合作空间设计

为促进跨学科合作，图书馆可以设计跨学科合作空间，提供灵活的工作区域，配备先进的技术设施，使研究者能够方便地进行学科交流与合作。

（2）先进科技设备的引入

随着科学仪器和设备的不断更新，图书馆可以引入先进的科技设备，如虚拟现实设备、高性能计算机等，以满足研究者在实验和模拟方面的需求。

（三）应对策略

1. 加强馆际合作

由于各高校的学科设置和优势不同，图书馆可以通过加强馆际合作，实现资源共享。通过建立联合采购机制、共享特色馆藏、共建数字资源库等方式，提高跨学科资源的整体覆盖面和使用效率。

2. 引入新技术手段

图书馆应积极引入新技术手段，如人工智能、大数据分析等，优化图书馆服务。通过智能检索、推荐系统，提高用户检索效率和准确性；通过大数据分析，了解学科发展趋势，为馆藏发展提供科学依据。

3. 拓展数字化服务

加强数字化服务的拓展，推动开放获取运动，提高数字资源的可访问性。同时，建设数据管理与共享平台，为研究者提供更全面的科研支持服务。

4. 设立跨学科合作机制

在图书馆内部设立跨学科合作机制，建立专门的团队或工作小组，负责跨学科服务的规划和实施。这可以促进图书馆内外的协同合作，更好地服务于研究者的跨学科需求。

5. 定期培训与学科沟通

定期组织培训活动，提高图书馆工作人员的学科知识水平，使其更好地理解不同学科领域的需求。同时，建立与学科师生的定期沟通机制，了解他们的实际需求和反馈，及时调整图书馆服务的方向。

（四）面临的挑战与未来展望

1. 面临的挑战

学科变革速度快：学科的发展变革速度较快，图书馆需要更敏捷地调整服务策略以适应学科变革。

数字资源管理难题：数字资源的管理、存储、维护和更新面临挑战，尤其是在面对不同学科多样化的数字化需求时，需要应对技术和管理上的问题。

服务个性化需求：随着跨学科合作的增加，用户对服务的个性化需求也在增加。如何更好地满足用户多样性的服务期望，是一个亟待解决的问题。

2. 未来展望

智能化服务：随着人工智能技术的发展，图书馆可以进一步引入智能化服务，提供更智能、个性化的学科服务，通过机器学习和数据挖掘技术，实现对用户需求的更精准响应。

数字资源的可持续发展：加强数字资源的可持续发展，推动开放获取运动，倡导科研成果的开放共享，为学术界提供更多的开放获取资源，促进全球学术交流。

深化跨学科合作：加强与其他高校图书馆、研究机构的跨学科合作，建设共享平台，推动资源、服务、经验的共享，实现更高水平的跨学科服务。

学科服务卓越中心：图书馆可以发展成为学科服务卓越中心，不仅提供文献资源，还提供学术咨询、研究支持、数据分析等全方位服务，成为学科研究者和教育者的重要合作伙伴。

人才培养与学科推动：图书馆可以通过培养学科服务团队，提升服务人员的学科背景，加强与学科师生的沟通，更好地理解学科发展趋势，推动图书馆服务与学科发展相互促进。

学科发展趋势对图书馆服务产生了深远的影响，要求图书馆不仅跟上学科发展的步伐，还要积极创新服务模式，满足不同学科领域的需求。图书馆作为高校的重要支持机构，要不断调整发展战略，整合资源，拓展服务领域，以更好地服务学科发展、促进学术研究和教学活动的深入开展。未来，随着科技的不断创新和社会的不断变革，图书馆有望通过更加灵活、智能的服务模式，更好地服务于学科创新、知识传承和全球学术合作。

第三节 数字时代下读者信息获取与利用的模式

一、数字时代下学术资源的获取与管理

随着数字化技术的迅猛发展，学术界正经历着前所未有的变革。传统的学术资源获取和管理方式正在被数字时代所重新定义。学术资源包括学术文献、数据、工具、平台等多方面内容，其获取和管理在很大程度上影响着研究者的工作效率和科研质量。下面将深入探讨数字时代下学术资源获取与管理的挑战、机遇以及应对策略。

（一）数字时代学术资源的特点

1. 开放获取

数字时代推动了学术资源的开放获取，越来越多的学术文献、数据和研究工

具通过网络免费提供给用户。这种开放获取的趋势使得研究者能够更便捷地获取到最新的研究成果，促进了学术交流和合作。

2. 数据化和数字化

学术研究中产生的数据量庞大，数字化技术的应用使得这些数据更易存储、处理和共享。同时，学术文献、期刊等也逐渐数字化，便于在线浏览和检索，提高了学术资源的可利用性。

3. 多元化学术资源类型

除传统的学术文献外，学术资源的类型变得更加多元化，包括科研数据集、多媒体资料、开源软件工具等。这多元化的资源类型为研究者提供了更广泛的选择，也使得学术研究更具创新性。

4. 学术社交网络的兴起

学术社交网络的兴起，为学者提供了一个在线社区，方便他们分享研究成果、获取同行反馈，并建立学术合作关系。这种互联网上的社交互动形式为学术资源的获取和管理提供了新的途径。

（二）数字时代下的学术资源获取挑战

1. 信息过载

随着学术文献和数据的不断增加，研究者可能面临信息过载的问题，难以有效筛选和获取真正有价值的资源。信息过载使得研究者需要更智能化的工具来辅助信息检索和管理。

2. 学科交叉与跨界合作

学科交叉与跨界合作的增加使得研究者需要获取更广泛学科背景的资源，而传统的学科专业数据库可能无法满足这种需求。如何有效整合跨学科的资源成为一个亟待解决的问题。

3. 学术资源的版权和合法性问题

随着学术资源的数字化和在线共享，版权和合法性问题也备受关注。一些学术资源可能受到版权保护，而研究者在获取和使用这些资源时需要谨慎，以避免侵权问题。

（三）数字时代下学术资源的管理挑战

1. 数据管理与共享

随着科研数据的不断增多，如何有效地管理和分享这些数据成为一个重要问题。研究者需要适应不同学科领域的数据管理标准和规范，以确保数据的质量和可重复性。

2. 学术资源的长期保存

数字时代的学术资源需要长期保存，以保证学术研究的可持续性。数字化资源的保存涉及技术、法律、经费等多方面的问题，需要制定科学的保存策略。

3. 数字资源的可信度和权威性

在数字时代，虽然学术资源丰富多样，但其中也不乏质量参差不齐的信息。研究者在使用数字资源时需要考虑资源的可信度和权威性，以确保研究的科学性和可靠性。

4. 学术社交网络的管理与维护

学术社交网络的兴起为学者提供了交流和合作的平台，但也带来了信息碎片化、质量不一的问题。如何在学术社交网络上管理和维护个人的学术形象，确保信息的真实性和可信度，成为一个需要关注的方面。

（四）数字时代下的学术资源获取与管理策略

1. 智能化技术的应用

（1）智能化检索工具

引入人工智能和机器学习技术，开发智能化的文献检索工具，能够根据用户的兴趣和需求，精准地推荐相关的学术资源，提高研究者的信息获取效率，同时降低信息过载的风险。

（2）数据分析工具

利用数据分析技术，研发针对大规模科研数据集的分析工具，帮助研究者更好地管理和利用研究数据。这包括数据清洗、分析、可视化等环节，提高数据的质量和可用性。

2. 开放获取与合法获取的平衡

（1）加强开放获取资源的推广

通过支持和参与开放获取运动，积极推广学术资源的开放获取，为研究者提供更多的免费资源，同时推动学术界向更加开放、透明的方向发展。

（2）合法获取的途径

建立合法获取学术资源的途径，加强对学术资源版权法规的宣传和培训，提高研究者对版权和合法使用的意识，降低因为版权问题带来的风险。

3. 加强数据管理与共享

（1）制订数据管理计划

研究者在进行科研项目时应制订详细的数据管理计划，包括数据采集、存储、共享、长期保存等环节，确保科研数据的规范和可管理性。

（2）制定开放数据政策

鼓励并制定开放数据政策，支持科研数据的开放共享。通过制定规范和奖励机制，激励研究者主动共享数据，促进科研成果更广泛地应用和验证。

4. 提升学术资源的管理能力

（1）建设数字图书馆

加强数字图书馆建设，整合各种学术资源，为研究者提供集中化的获取和管理平台。数字图书馆不仅包括文献资源，还应涵盖数据集、工具软件等多种类型的学术资源。

（2）学科导师与培训

建立学科导师机制，为研究者提供专业的学科指导和资源管理培训。导师可以指导研究者更好地利用学术资源，提高其信息获取和管理能力。

5. 制定数字资源管理政策

（1）制定数字资源使用准则

建立数字资源使用准则，明确研究者在使用数字资源时应遵循的规范和道德标准。这有助于规范学术行为，确保数字资源的合法、道德使用。

（2）强化数字资源的安全保障

加强数字资源的安全保障，采用技术手段对数字资源进行安全加密和备份，防范恶意侵扰和数据泄露等安全问题。

（五）面向未来的展望

1. 智能化时代的学术资源服务

随着人工智能和大数据技术的不断发展，学术资源服务将更加智能化。未来的学术资源获取与管理将更注重个性化需求，智能化工具将为研究者提供更精准的支持和服务。

2. 开放获取的全球推动

全球范围内对开放获取的推动将会更加强劲。各国、各机构将进一步合作，推动学术资源的开放共享，加强全球学术合作，促进科研成果的全球流通。

3. 数字资源管理的国际标准化

随着数字资源管理的日益重要，国际上将加强数字资源管理的标准化工作。建立数字资源管理的国际标准，有助于不同国家和机构之间更好地共享和合作。

4. 创新性学术资源的涌现

随着科技创新的推动，新型的学术资源将不断涌现。创新性的数字工具、跨学科研究平台等将为研究者提供更多元化的选择，推动学术研究的创新和发展。

数字时代下，学术资源的获取与管理面临着前所未有的机遇和挑战。智能化技术的应用、开放获取的推动、数据管理与共享的加强，将为研究者提供更加便捷、多元的学术资源服务。同时，信息过载、版权问题、数字鸿沟等方面的挑战也需要我们制定科学合理的政策和采取相应的措施。随着科技和社会的不断发展，数字时代学术资源的获取与管理将不断演进，为学术研究提供更加丰富、高效的支持。

二、开放获取资源与知识共享的挑战与机遇

在数字化时代，开放获取资源和知识共享成为学术界和社会关注的焦点。开放获取资源旨在使学术研究成果更广泛、自由地可用，推动知识共享成为一种全球性

的科研文化。然而，随着这一潮流的发展，也带来了一系列的挑战。下面将深入探讨开放获取资源与知识共享的挑战与机遇，分析其对学术界、科研者和社会的影响。

（一）开放获取资源的挑战

1. 质量控制与评估

开放获取资源的数量急剧增加，但并非所有资源都经过严格的质量控制和评估。这可能导致一些学术资源的质量参差不齐，使得研究者在获取信息时难以判断资源的可信度和科研价值。

2. 经济可持续性

开放获取资源通常依赖于研究机构、图书馆和出版商的经济支持。但在当前模式下，一些机构可能难以维持资源的长期开放，对经济可持续性提出了挑战。此外，对作者收费的开放获取模式也可能影响科研者的选择和资源的开放程度。

3. 版权和法律问题

开放获取资源的使用需要考虑版权和法律问题。一方面，资源提供者需要保护知识产权；另一方面，使用者需要确保其使用符合法律规定。这涉及知识产权法的复杂性和国际差异，为知识共享带来一定的法律难题。

4. 数据安全与隐私问题

随着信息数字化的深入，开放获取资源中可能包含敏感性极高的数据。保护这些数据的安全性和隐私性是一个严峻的挑战。在知识共享的过程中，如何在开放的前提下保障个体隐私成为一个亟待解决的问题。

（二）知识共享的挑战

1. 学术界文化变革

知识共享需要学术界的文化变革，使研究者更加愿意分享自己的研究成果。传统学术体系中，以发表论文和专利为主要评价标准，知识共享并未得到充分的认可，这需要一定时间来推动学术文化的变革。

2. 各方利益协调

知识共享涉及多方面的利益，包括作者、出版商、研究机构等。如何在各方利益之间取得平衡，使得知识能够在开放的环境下得到更广泛的传播，是一个复杂且具有挑战性的问题。

3. 技术标准和互操作性

知识共享需要建立统一的技术标准和互操作性，以确保不同平台、系统和数据库之间的信息能够无障碍地共享和传递。当前存在的技术标准差异和信息孤岛问题限制了知识的自由流动。

4. 文化和语言多样性

全球范围内存在文化和语言的多样性，这在知识共享时可能导致理解和传播的障碍。如何在尊重不同文化的前提下促进知识的全球性传播，是一个需要深入思考的问题。

（三）开放获取资源与知识共享的机遇

1. 学术研究效率提升

开放获取资源使得研究者能够更快速地获取到相关文献和数据，提高了研究效率。知识共享则能够促进合作与交流，推动科研成果更好地被他人理解和利用。

2. 学科交叉与创新

开放获取资源和知识共享有助于促进学科交叉，激发创新思维。通过跨学科的合作和知识的自由流动，研究者可以更容易地借鉴其他领域的思想和方法，推动学科交叉融合。

3. 全球科研资源平等获取

开放获取资源和知识共享有助于缩小不同地区、机构和研究者之间的科研资源获取差距。通过全球性的共享平台，各地的研究者都能够平等地获取到世界各地的前沿研究成果，促进全球科研资源的平等利用和共同发展。

4. 开放创新与开放科研合作

开放获取资源和知识共享为开放创新和科研合作提供了更广泛的空间。研究者可以借助开放的平台共同参与研究项目，促进合作交流，实现全球范围内的科研成果共享，推动科学研究的全球化发展。

（四）应对策略

1. 加强质量控制与评估机制

建立开放获取资源的质量控制与评估机制，确保开放资源的可信度和学术价值。通过引入专业评审机构，设立评估标准，提高开放获取资源的质量，为研究者提供可信赖的学术信息。

2. 探索多元经济支持模式

在经济可持续性方面，探索多元化的经济支持模式，如政府拨款、慈善捐赠、企业赞助等。通过建立更加可持续的经济模式，确保开放获取资源的稳定运行。

3. 完善法律法规与知识产权保护

建立健全的法律法规体系，明确开放获取资源的知识产权和使用规范。同时，提供更便捷的知识产权保护途径，保护创作者和知识提供者的合法权益。

4. 强化数据安全与隐私保护

在开放获取资源中，加强对敏感数据的安全管理和隐私保护。通过采用先进的加密技术、权限控制机制等手段，保障用户数据的安全性和隐私性。

5. 推动学术文化转变

推动学术文化的转变，建立以知识共享为核心的学术评价机制。通过改革评价标准，更加重视知识共享和合作成果，鼓励研究者积极参与知识共享，促进学术文化的变革。

6. 制定国际标准与技术规范

制定统一的国际标准和技术规范，提高知识共享平台的互操作性。通过建立通用的技术标准，促进不同平台和系统之间的信息流通，实现全球范围内的知识共享。

7. 加强全球合作与共建共享平台

加强国际的合作与共建共享平台，建立全球性的开放获取和知识共享机制。通过共同努力，推动知识在全球范围内的自由流动，促进全球科研资源的共享和合作。

（五）未来展望

未来，随着技术的不断发展和全球合作的深入推进，开放获取资源和知识共享将迎来更广阔的发展前景。

1. 技术创新的推动

随着人工智能、区块链等技术的发展，将为知识共享提供更为安全、高效的技术支持。新兴技术的应用将使得知识的获取、传播和利用更加智能化和便捷。

2. 开放科研合作的深化

全球范围内的科研合作将更加深化，各国、各机构之间的合作将更加频繁，共建开放获取平台的机会增多。科研者将更加积极地参与全球性的研究项目，推动知识的共建与共享。

3. 社会文化的转变

随着开放获取和知识共享理念的深入人心，社会对于科研成果的评价体系将发生改变。知识共享将更受重视，促使科研者更愿意分享研究成果，推动学术文化的深刻变革。

4. 开放获取资源的多样性

未来开放获取资源的形式将更加多样化，包括开放获取期刊、开放获取数据库、学术社交平台等。这将为科研者提供更灵活、全面的资源获取途径，满足不同领域、不同层次的需求。

5. 开放科学的实践

开放科学将逐渐成为科研领域的主流实践。通过开放共享数据、开放评审、开放教材等方式，提高科学研究的透明性和可复制性，促进科学的迅速发展。

开放获取资源和知识共享是数字时代科研文化变革的重要方向。在解决相关挑战的同时，我们应抓住机遇，采取切实有效的策略，推动开放获取和知识共享在全球范围内得到更加广泛的认可和实践。未来，随着技术的不断发展和社会文化的转变，我们有理由相信开放获取和知识共享将为全球科学研究的发展带来更加积极的影响，促使科研成果更快速、广泛地造福人类社会。

三、高校读者信息获取行为的变革

随着信息技术的飞速发展和数字化时代的来临,高校读者的信息获取行为正在发生深刻的变革。传统的图书馆阅读已不再是主要的获取途径,取而代之的是多元化的数字渠道,包括在线数据库、电子期刊、社交媒体等。这一变革不仅影响了读者获取信息的方式,也对图书馆、出版商、教育机构等多方面提出了新的挑战。下面将深入分析高校读者信息获取行为的变革,探讨其原因、影响以及未来发展趋势。

(一)数字化时代对高校读者的影响

1. 数字资源的丰富性

数字化时代,大量学术文献、图书、期刊等纷纷数字化,形成了庞大的数字资源库。这些资源以其便捷性、实时性、多样性吸引着高校读者,成为其信息获取的主要选择。

2. 网络技术的进步

随着互联网技术的迅猛发展,高校读者可以通过互联网在任何时间、任何地点获取所需信息。无论是在线图书馆还是开放获取的学术数据库,都为读者提供了更广泛的信息获取途径。

3. 移动设备的普及

移动设备的普及使得高校读者能够随时随地使用手机、平板等设备进行信息检索。这种便携式设备的普及极大地方便了读者对信息的获取和阅读。

4. 社交媒体的兴起

社交媒体如学术社交网络、在线博客等成为高校读者获取信息的重要平台。通过这些平台,读者可以获取同行的观点、分享研究经验,形成互动性的学术交流。

(二)高校读者信息获取行为的变革

1. 从传统到数字

传统上,高校读者主要通过阅读纸质书籍、借阅图书馆实体书籍获取信息。而今,数字资源的广泛应用使得读者更倾向于通过电子途径获取信息,不再局限于传统的图书馆阅读方式。

2. 从有限到丰富

传统图书馆的信息资源受到实体空间和购买预算的限制，而数字化时代的图书馆拥有更为庞大的数字化资源库，读者可以从全球范围内获取更为丰富、更新的信息资源。

3. 从单一到多元

过去，高校读者主要通过图书馆阅读和教室学习获取信息；而今，多元化的数字渠道使得读者的信息获取方式更加灵活，包括在线课程学习、社交媒体参与、专业网站浏览等。

4. 从被动到主动

传统阅读方式中，读者更多是被动接收信息，而在数字时代，读者更加主动地通过搜索引擎、学术数据库等主动寻找、筛选所需信息，提高了信息获取的针对性和效率。

（三）影响因素分析

1. 技术驱动

技术的不断创新推动了信息获取行为的变革。互联网技术、移动设备、人工智能等技术的应用使得读者能够更加便捷、高效地获取信息，从而改变了其信息获取的方式。

2. 学术环境变化

学术界对于数字化的推动也在很大程度上影响了高校读者的信息获取行为。学术社交网络的兴起、在线期刊的普及等为读者提供了新的信息传播渠道，影响了其信息获取的偏好。

3. 阅读体验需求

随着社会的发展，人们对于阅读体验的需求也发生了变化。数字化时代的信息获取更注重便捷、个性化、互动性，这与传统的阅读体验有着明显的差异。

4. 教育理念演进

教育理念的演进也对高校读者信息获取行为产生了影响。注重自主学习、强调实践操作的教育理念促使高校读者更倾向于通过网络和数字资源进行学习和研究。

（四）挑战与机遇

1. 挑战

（1）信息过载

数字时代带来了海量的信息，但与此同时也产生了信息过载的问题。读者在获取信息时可能面临大量信息的筛选和整合困难，容易感到不知所措。

（2）数字鸿沟

虽然数字资源的丰富性为高校读者提供了更多选择，但数字鸿沟问题也随之而来。一些地区或学校可能由于技术设施、网络条件等方面的不足而无法充分享受数字化带来的便利。

（3）学术诚信问题

数字时代的信息获取容易导致学术诚信问题，如抄袭、剽窃等。读者在网络上获取信息时需要更加注重学术道德，否则容易陷入学术不端的泥淖。

2. 机遇

（1）全球化学术交流

数字化时代使得全球范围内的学术资源变得更容易获取，为高校读者提供了参与国际学术交流的机会。通过学术社交网络和在线期刊，读者可以更轻松地了解国际前沿研究成果。

（2）个性化学习

数字时代的信息获取支持个性化学习，读者可以根据自身需求定制学习计划，选择感兴趣的主题进行深入学习。这为读者提供了更灵活、更个性化的学习体验。

（3）开放教育资源

数字时代涌现出大量的开放教育资源，如在线课程、开放式教材等。这些资源为高校读者提供了更多元的学习途径，拓宽了他们的学科视野，增加了学习的可能性。

（五）应对策略

1. 提升数字素养

高校应加强对学生的数字素养培养，使其具备更好的信息检索、筛选、利用的能力。培养学生对数字资源的理解和运用,提高其在信息获取过程中的自主性和判断力。

2. 优化数字资源平台

图书馆和其他信息机构应不断优化数字资源平台,提高用户体验。通过改进搜索算法、界面设计、用户反馈机制等手段,使得数字资源的使用更加便捷、高效。

3. 加强信息素养教育

学校应加强对学生的信息素养教育,培养其辨别信息真伪、维护学术诚信的能力。通过课程设置、讲座等形式,引导学生正确使用数字资源,防范学术不端行为。

4. 拓展学科交叉

学校鼓励学科交叉研究,打破传统学科壁垒。这有助于高校读者更广泛地获取不同领域的信息,促进跨学科的创新和合作。

5. 加强国际合作

加强国际合作,推动全球范围内的信息共享。学术机构可以通过建立合作关系、共建平台等方式,拓展读者获取信息的国际渠道,促进全球学术资源的平等共享。

(六)未来展望

随着科技的不断进步和社会的不断发展,高校读者信息获取行为的变革将持续推进。未来可能呈现以下趋势:

1. 智能化技术的应用

随着人工智能技术的不断成熟,智能化技术将更广泛地应用于信息获取领域。智能搜索、推荐系统等将为高校读者提供更个性化、智能化的信息服务。

2. 虚拟现实与增强现实的融合

随着虚拟现实(VR)和增强现实(AR)技术的发展,这些技术将更多地融入到高校教育中。高校读者可能通过虚拟图书馆、沉浸式学习等方式获取信息,拓展阅读体验。

3. 开放教育的深化

开放教育资源将得到更深度的发展。在线课程、开放式教材等将更加普及,为高校读者提供更灵活、开放的学习资源。

4.学术社交网络的进一步发展

学术社交网络将更加成熟，为高校读者提供更广泛的学术交流平台。通过这些网络，读者可以更便捷地分享研究成果、获取同行反馈，促进学术合作。

数字化时代对高校读者信息获取行为产生了深刻的影响，从传统到数字、从有限到丰富、从被动到主动等变革使得读者的信息获取更加灵活多样。面对挑战和机遇，高校应采取相应的策略，提升学生的数字素养、优化数字资源平台、加强信息素养教育、拓展学科交叉、加强国际合作等措施都是推动高校信息获取行为变革的有效途径。

未来，随着智能化技术、虚拟现实与增强现实的融合、开放教育的深化以及学术社交网络的进一步发展，高校读者信息获取行为将进一步演变。智能化技术的应用将提供更智能、个性化的信息服务，虚拟现实与增强现实的融合将丰富阅读体验，开放教育的深化将为学生提供更广泛的学习资源，学术社交网络的发展将促进学术交流与合作。

在这个不断变革的时代，高校图书馆、教育机构、出版商等各方应密切关注学生信息获取行为的动态变化，及时调整服务模式和资源配置，以更好地满足学生的信息需求。同时，跨学科合作也将成为推动高校信息获取行为变革的关键因素，促使图书馆、教育机构与技术公司等共同探索未来数字时代教育和学术交流的发展方向。

总体而言，高校读者信息获取行为的变革既带来了挑战，也蕴含着丰富的机遇。通过共同努力，可以更好地引导学生利用数字化时代的丰富资源，提升他们的信息获取能力，为未来的学术和教育发展创造更为有利的条件。

四、数据挖掘技术在满足读者需求中的应用

随着数字时代的到来，图书馆、出版商等信息机构面临着大量数字化数据的管理和利用挑战。为了更好地满足读者需求，提高服务质量，数据挖掘技术应运而生。数据挖掘技术通过从大规模数据中发现模式、趋势、关联等信息，为图书馆提供了更智能、个性化的服务。下面将深入探讨数据挖掘技术在满足读者需求中的应用，分析其优势、应用场景以及未来发展趋势。

（一）数据挖掘技术概述

1. 数据挖掘定义

数据挖掘是从大量数据中提取潜在信息、模式和关系的过程。它利用统计学、机器学习、数据库技术等多个领域的方法，通过分析数据集，发现其中的隐藏模式，从而为决策提供有用的信息。

2. 数据挖掘的主要任务

分类：将数据划分到不同的类别中。

聚类：将数据分组到相似的簇中，簇内的数据相似度高，簇间的数据相似度低。

关联规则挖掘：发现数据中的关联关系，如购物篮分析中的商品组合。

回归分析：预测数值型数据的值。

异常检测：发现与预期行为不符的数据点。

特征选择：选择最重要的特征，提高模型的性能。

3. 数据挖掘在图书馆领域的应用

数据挖掘技术在图书馆领域得到了广泛应用，包括但不限于：

读者行为分析：分析读者的阅读习惯、偏好，为图书馆提供个性化推荐服务。

图书推荐系统：基于读者的历史借阅记录和兴趣，推荐符合其口味的图书。

馆藏管理：通过分析借还书数据，优化馆藏组织，提高图书的利用率。

社交网络分析：分析读者在社交媒体上的活动，发现潜在的社交关系，推动社区建设。

图书购买决策：基于读者需求和流行趋势，智能化地进行图书采购。

（二）数据挖掘技术在满足读者需求中的优势

1. 个性化服务

数据挖掘技术可以分析读者的历史借阅记录、搜索行为等，从而实现个性化推荐服务。通过为每位读者定制推荐书单，满足其个性化的阅读需求，提高借阅满意度。

2. 精准预测

通过对读者行为数据的分析，数据挖掘可以预测读者可能感兴趣的图书类别、主题或作者。这有助于图书馆提前准备相关图书，提高馆藏利用率。

3. 高效资源管理

数据挖掘技术可以分析馆藏的借还书数据，发现哪些图书热门、哪些图书冷门，从而优化馆藏组织，更好地满足读者的需求，减少滞留率。

4. 读者行为分析

通过对读者在图书馆网站、移动应用等平台的行为进行分析，可以深入了解读者的喜好、阅读习惯，为图书馆提供更精细化的服务策略。

5. 拓展服务边界

数据挖掘技术可以挖掘出读者在图书馆之外的信息行为，如在社交媒体上的讨论、评价，从而拓展图书馆的服务边界，更好地融入读者的社交圈。

（三）数据挖掘技术在图书馆的具体应用场景

1. 个性化图书推荐系统

个性化图书推荐系统是数据挖掘技术在图书馆中的典型应用之一。系统通过分析读者的借阅历史、评价行为，建立个性化的阅读模型。当读者登录系统时，推荐系统根据该模型为其推荐可能感兴趣的图书，提高读者对图书馆服务的满意度。

2. 馆藏管理优化

通过数据挖掘技术，图书馆可以对馆藏进行深入分析。例如，可以通过关联规则挖掘找到经常一同被借阅的图书，从而调整馆内图书陈列的位置，提高这些图书的曝光率。这有助于优化馆藏组织，使得读者更容易发现符合其兴趣的图书。

3. 阅读偏好分析

数据挖掘技术可以分析读者的阅读偏好，包括喜好的主题、体裁、作者等。通过对阅读历史和评价数据的挖掘，图书馆可以为每位读者建立个性化的阅读偏好模型，为其提供更符合口味的图书推荐。这样的个性化服务不仅提高了读者的满意度，也促进了读者对图书馆的持续关注和利用。

4.预测流行趋势

数据挖掘技术可以分析大量的借阅和阅读数据，识别出图书的热门趋势。基于这些趋势，图书馆可以提前采购热门图书，以满足读者的需求。这种预测性的资源管理有助于减少图书的滞留率，提高馆藏的实效性。

5.异常检测与安全保障

数据挖掘技术还可以用于检测异常行为，如异常的借阅模式、异常的登录地点等。通过实时监控，图书馆可以发现潜在的安全问题，采取相应的措施，保障读者的信息安全和图书馆的正常运营。

（四）数据挖掘技术在满足读者需求中的未来发展趋势

1.深度学习的应用

随着深度学习技术的不断发展，图书馆可以利用深度学习模型进行更复杂、更精确的读者行为分析和预测。深度学习模型能够学习更高层次的抽象特征，为图书馆提供更准确的个性化推荐服务。

2.跨领域数据整合

将图书馆的借阅数据与其他领域的数据进行整合分析，可以提供更全面的读者画像。例如，将社交媒体数据、在线评论数据与借阅数据进行整合，可以更好地了解读者的兴趣和偏好，为个性化服务提供更多元化的信息。

3.开放数据共享

推动图书馆间和图书馆与其他机构之间的数据共享，建立开放的数据平台。这样的举措可以使更多的数据用于训练模型，提高数据挖掘的效果，同时也促进了图书馆服务水平的整体提升。

4.可解释性与隐私保护的平衡

随着数据挖掘技术的应用，对于模型的可解释性和读者隐私保护的需求也日益突显。未来的发展趋势之一是在提高模型预测准确性的同时，注重解释模型的工作原理，并采取有效手段保护读者的个人隐私。

5.智能推荐系统的演进

未来的智能推荐系统将更加智能化和个性化。基于情感分析、用户反馈等更多维度的数据，推荐系统将更准确地理解读者的需求，提供更符合个性化需求的服务。

数据挖掘技术在满足读者需求方面发挥着越来越重要的作用。通过对大量数据的分析，图书馆可以实现个性化推荐、馆藏管理优化、读者行为分析等多方面的服务升级。未来，随着技术的不断发展和应用场景的不断拓展，数据挖掘技术将继续推动图书馆服务向更加智能、个性化的方向发展。同时，随着对隐私保护和可解释性的重视，数据挖掘技术将更加注重平衡技术的发展与用户的权益保护。图书馆作为信息服务的中心，将不断借助数据挖掘技术的力量，更好地满足读者的需求，推动图书馆服务与时俱进，不断创新。

五、信息素养培养对读者信息利用的影响

在信息时代，信息素养被认为是一种至关重要的能力，它不仅关系到个体在信息社会的适应能力，还直接影响到个体对信息的获取、评估、利用的能力。图书馆作为信息传播和服务的中心，承担了培养读者信息素养的重要责任。下面将探讨信息素养对读者信息利用的影响，分析信息素养的内涵、培养方法以及在提高读者信息利用能力等方面的作用。

（一）信息素养的内涵

1. 信息素养的定义

信息素养是指个体在信息环境中，通过获取、评价、利用信息形成的一种综合能力。这种能力包括对信息的敏感性、分析能力、判断力以及创造性运用信息的能力。信息素养的培养不仅仅是学会使用信息工具，更重要的是培养信息意识、信息技能、信息知识和信息道德。

2. 信息素养的要素

信息素养的培养主要包括以下几个要素：

信息意识：意识到信息在学习、工作和生活中的重要性，形成主动获取信息的习惯。

信息知识：具备基本的信息知识，了解信息的来源、组织形式、检索方法等。

信息技能：能够熟练运用信息技术工具进行信息的检索、分析和整理。

信息判断：具备辨别信息真伪、价值和适用性的能力，形成批判性思维。

信息道德：具备正确使用信息的道德意识，遵循信息的使用规范。

3. 信息素养的培养目标

信息素养的培养目标是使个体在信息社会中具备全面的信息能力，包括以下方面：

能够主动获取所需信息，具备信息需求的明确性和准确性。

能够熟练使用各种信息工具，包括图书馆资源、互联网等。

具备对信息进行评价和分析的能力，能够判断信息的真实性和可信度。

具备创造性运用信息的能力，能够将获取的信息应用于实际问题解决中。

（二）信息素养培养的方法

1. 教育课程

学校和图书馆可以通过设置信息素养相关的教育课程，系统地向学生传授信息素养的理论知识和实践技能。这些课程包括信息检索、文献阅读、学术写作等内容，可以帮助学生全面提升信息素养水平。

2. 图书馆培训

图书馆作为信息资源的主要提供者，可以通过举办培训班、讲座等形式，向读者传授信息检索的方法、图书利用技巧等知识。培训内容可以根据读者的不同水平和需求进行差异化设置。

3. 信息素养认证

一些学校和机构提供了信息素养认证的项目，通过考试或项目实践，对个体的信息素养水平进行评估和认证。这种方式可以激励个体主动学习，同时为其提供了一个获得信息素养证书的机会。

4. 学科整合

信息素养的培养不应该被局限在一个独立的课程中，而应该与各学科相结合。例如，在语文、科学等课程中融入信息素养的元素，使学生在学科学习中逐步培养信息素养。

（三）信息素养对读者信息利用的影响

1. 提高信息获取效率

信息素养的提升使得读者更加熟练地运用各类信息工具，能够迅速、准确地获取所需信息。通过有效的检索和筛选，读者能够节省时间，获取更多有价值的信息资源，提高信息获取的效率。

2. 增强信息评估能力

具备较高信息素养的读者更具有对信息进行评估和判断的能力。他们能够辨别信息的可信度，分辨信息的真实性和虚假性，避免受到虚假信息的误导，提高信息利用的质量。

3. 促进学术研究水平

信息素养的培养有助于提高读者的学术研究水平。具备信息素养的学者能够更广泛地搜集相关文献，更深入地分析研究问题，提高学术论文的质量，促进学科的发展。

4. 实现个性化信息利用

信息素养的提升使得读者能够更好地定位个性化的信息需求，根据自己的兴趣和目标进行信息检索。这有助于实现信息的个性化利用，满足读者多样化的需求。

5. 提高信息创新能力

信息素养培养了读者创造性运用信息的能力。他们能够将不同领域的信息进行整合，创新性地应用信息解决问题，推动学科的交叉和创新。

（四）信息素养在图书馆服务中的作用

1. 个性化服务

通过了解读者的信息需求和兴趣，图书馆可以提供个性化的服务，如个性化图书推荐、个性化培训服务等，提高服务的针对性和实用性。

2. 教育引导

图书馆可以通过举办信息素养培训课程，向读者传授信息检索、评估、利用等方面的知识和技能，引导读者养成正确的信息获取和利用习惯。

3. 提供多样化资源

具备较高信息素养的读者更倾向于获取多样化的信息资源，包括图书、期刊、数据库、在线资源等。图书馆可以根据读者的需求提供丰富多样的信息资源，满足其多层次、多领域的信息需求。

4. 支持学术研究

图书馆作为学术研究的支持机构，通过提供高质量的学术资源、培训服务，帮助具备信息素养的读者更好地进行学术研究，促进科研成果的产生。

5. 引导信息伦理

信息素养的培养不仅包括信息获取和利用的技能，还包括对信息的伦理意识。图书馆可以通过引导读者遵循信息伦理规范，正确使用信息资源，防范学术不端行为。

（五）挑战与应对策略

1. 挑战

信息爆炸带来的压力：信息数量的激增使得读者面临信息过载的风险，需要更高水平的信息素养来应对。

技术更新带来的学习成本：新兴的信息技术不断涌现，读者需要不断学习适应新的信息工具，增加了学习的负担。

信息真实性的挑战：网络上大量信息的真实性难以辨别，读者需要更强的信息判断能力。

2. 应对策略

持续教育培训：图书馆可以定期组织信息素养培训课程，帮助读者了解最新的信息技术和检索方法，提高信息素养水平。

引导信息伦理：图书馆可以通过开展讲座、宣传活动等形式，引导读者正确使用信息，遵循信息伦理原则。

开发个性化服务：利用先进的技术手段，如数据挖掘和人工智能，为读者提供个性化的服务，更好地满足其个性化的信息需求。

强化团队协作：图书馆工作人员可以与学校、教师等合作，通过跨学科的合作培养学生的信息素养，提高整体水平。

信息素养的培养对读者信息利用起着至关重要的作用。通过对信息素养内涵的深刻理解，采用多样化的培养方法，图书馆可以帮助读者提高信息获取效率、加强信息评估能力、促进学术研究水平、实现个性化信息利用，从而更好地适应信息社会的发展。

第二章 现代技术在高校图书馆读者服务中的应用

第一节 图书馆自动化系统与数字化服务

一、自动化系统在图书馆日常运作中的作用

自动化系统在图书馆中的应用是信息科技与图书馆服务相结合的典范。随着科技的不断进步，图书馆日常运作的许多环节得到了自动化的改进，从而提高了服务效率、降低了成本，为读者提供了更加便捷、高效的图书馆体验。下面将深入探讨自动化系统在图书馆日常运作中的作用，涵盖自动化系统的定义、各个环节的具体应用，以及带来的影响与挑战等。

（一）自动化系统的定义

1. 自动化系统概述

自动化系统是通过引入计算机技术和自动化设备，实现对一系列任务的自动执行和管理的系统。在图书馆领域，自动化系统主要应用于图书馆的管理、服务和资源调配等方面。

2. 自动化系统的要素

自动化系统通常包括以下要素：

硬件设备：包括计算机、条码扫描仪、自动书架等设备。

软件系统：包括图书馆管理系统、检索系统、自助服务系统等。

通信网络：用于设备之间的数据传输和系统的联网。

3. 自动化系统的优势

引入自动化系统带来了多方面的优势。

提高效率：自动化系统能够在短时间内完成大量重复性任务，提高了工作效率。

减少错误：通过自动化处理，降低了人为错误的发生概率。

方便读者：自动化系统使得读者能够更加方便地借阅、归还图书，查询馆藏等。

（二）自动化系统在图书馆各环节的应用

1. 自动化图书馆管理系统

（1）藏书管理

自动化系统通过条码技术和图书馆管理软件，实现了对馆藏图书的快速检索、定位和管理。图书采购、入库、标识、借阅、归还等环节都得到了自动化处理，大大提高了馆藏的管理效率。

（2）读者管理

自动化系统通过读者信息数据库，实现了读者的注册、借阅记录的管理、读者信息的更新等功能。读者可以通过自动化系统进行自助借还书操作，提高了借阅效率。

2. 自助服务系统

（1）自助借还书机

自助借还书机是自动化系统的一部分，使读者可以独立完成借书和还书的过程。读者只需将图书放入或取出机器，系统即可自动扫描条码，完成相应的借还操作。

（2）自助查询终端

自助查询终端允许读者在不求助馆员的情况下查询馆内图书的位置、借阅情况等信息。这方便了读者快速获取所需信息，减轻了馆员的工作压力。

3. 数字化资源管理系统

（1）数字化馆藏

数字化资源管理系统使得图书馆能够更好地管理数字化的图书、期刊、文献等资源。这包括数字化馆藏的建设、存储、检索和保护等方面，为读者提供了更广泛、更多样的信息资源。

（2）电子图书借阅

自动化系统使得读者可以通过数字平台借阅电子图书，不再受时间和地点的限制。这提高了读者获取信息的便捷性，也推动了数字阅读的发展。

4. 数据分析与决策支持系统

（1）阅读行为分析

通过自动化系统，图书馆可以对读者的阅读行为进行数据分析，了解读者的兴趣、偏好，为馆藏的优化和推荐服务提供数据支持。

（2）资源利用统计

自动化系统能够记录图书馆资源的利用情况，包括借阅频次、热门图书排行等。通过数据分析，图书馆可以更好地了解资源利用情况，为馆藏发展和采购提供决策支持。

5. 自动化馆际互借系统

自动化系统使得不同图书馆之间能够建立更为紧密的合作，通过电子文献传递、联合采购等方式，实现馆际资源的共享。这使得读者能够更方便地获取到跨馆的信息资源。

6. 无人图书馆系统

（1）无人借还书设备

一些图书馆引入了无人图书馆系统，通过自动化的借还书设备，实现了图书馆无人化运营。读者可以通过手机 APP 或刷卡进行借还书，实现 24 小时无人借还书服务。

（2）智能安防系统

无人图书馆通常配备智能安防系统，包括监控摄像头、门禁系统等。这些系统通过自动化技术监控图书馆的安全状况，提高了馆内资源的安全性。

（三）自动化系统带来的影响

1. 提高工作效率

自动化系统的应用大大提高了图书馆工作的效率。传统的手工操作被自动化设备替代，馆员能够更专注于更高层次的服务，提升了工作的质量和效率。

2. 提升服务质量

自动化系统改进了图书馆的服务流程，如自助借还书机、自助查询终端等让读者能够更便捷地获得服务。这提高了服务的及时性和便利性，增强了读者体验。

3. 促进数字化发展

自动化系统在数字化资源管理、电子图书借阅等方面的应用促进了图书馆的数字化发展。数字资源的广泛应用使得读者能够更灵活地获取信息。

4. 引领图书馆创新

自动化系统的引入推动了图书馆的创新发展。无人图书馆、数字化资源管理等先进的系统使得图书馆能够更好地适应时代发展，为读者提供更智能、便捷的服务。

（四）自动化系统面临的挑战

1. 技术更新带来的成本

随着技术的不断更新，维护和更新自动化系统需要大量的人力和财力。图书馆需要面对技术更新带来的成本压力，确保系统始终保持最佳状态。

2. 信息安全与隐私问题

随着图书馆信息系统的网络化和数字化，信息安全和读者隐私成为日益重要的问题。图书馆需要投入更多的资源来加强信息安全保障，确保读者的隐私得到充分保护。

3. 人机关系和服务质量

自动化系统的使用减少了人与人之间的交流，可能会导致图书馆与读者之间的距离感增加。图书馆需要通过其他手段，如开展人性化服务、举办活动等，弥补自动化可能带来的人机关系问题。

（五）未来展望

1. 强化数字化服务

未来，自动化系统将更加强调数字化服务。图书馆将进一步拓展数字馆藏，提升电子资源的利用率，推动数字图书馆的发展。

2.智能化发展

随着人工智能技术的不断发展，图书馆的自动化系统将更加智能化。智能化系统能够更好地理解读者需求，提供更个性化、智能化的服务。

3.加强安全保障

未来，图书馆将加强信息安全与隐私保护工作。采用先进的加密技术、身份验证技术，确保读者的信息得到充分的保障。

4.拓展自动化系统应用范围

自动化系统将不仅仅局限于传统的图书馆管理，还将拓展到社区图书馆、学术研究机构等不同领域。这将促使自动化系统更好地服务于社会的各个方面。

自动化系统在图书馆日常运作中发挥着至关重要的作用。通过提高工作效率、提升服务质量、促进数字化发展等方面的优势，自动化系统为图书馆带来了诸多益处。然而，也面临技术更新、信息安全、人机关系等方面的挑战。未来，加强数字化服务、智能化发展、安全保障等方面的努力将是图书馆自动化系统发展的关键。通过对自动化系统的不断创新和升级，图书馆能够更好地适应信息时代的发展，提供更优质、智能、便捷的服务。

随着科技的进步，未来自动化系统可能会更加智能化，涵盖更多领域的图书馆服务。例如，基于大数据分析和人工智能技术的智能推荐系统，可以根据读者的阅读历史和兴趣推荐个性化的图书；虚拟现实和增强现实技术的应用，可以为读者创造更丰富的阅读体验。这些创新将进一步提升图书馆的服务水平，满足读者多样化的需求。

然而，在不断追求自动化系统发展的同时，图书馆也需要关注人文关怀和社交因素。保持人与人之间的交流与合作，通过举办文化活动、培训课程等方式，加强图书馆与读者之间的互动，是至关重要的。自动化系统作为工具和手段，应该致力于更好地实现图书馆的使命，即为读者提供知识、促进学习和文化交流。

综上所述，自动化系统在图书馆日常运作中的作用是不可忽视的，它为图书馆带来了高效、便捷、智能的服务。未来，图书馆需要不断创新，拓展自动化系统的应用范围，强化数字化服务和智能化发展，同时注重人文关怀，以更好地满足读者的需求，推动图书馆服务向着更高水平迈进。

二、数字化服务对图书馆藏书管理的影响

随着信息技术的迅速发展,数字化服务已经成为图书馆不可或缺的一部分。数字化服务以其高效、便捷、全面的特点,深刻影响了图书馆的各个方面,其中最为显著的一个特点便是对图书馆藏书管理的影响。下面将深入探讨数字化服务对图书馆藏书管理的影响,包括数字化馆藏的建设、数字化工具在馆藏管理中的应用、对馆藏信息的整合和开放获取资源等方面。

(一)数字化馆藏的建设

1. 数字化馆藏概述

数字化馆藏是指将图书馆的纸质文献、影像资料等资源以数字形式进行存储、管理和传递的过程。数字化馆藏通常包括数字图书馆、数字档案馆、数字化特藏等。数字化馆藏的建设旨在更好地保护、利用和传承馆内的文化遗产。

2. 影响因素

技术发展:先进的数字化技术,如扫描、数字化存储和检索技术的发展,使得数字化馆藏更为可行。

知识产权:部分文献受到版权保护,数字化馆藏在处理版权问题上需要谨慎。

经费支持:数字化馆藏的建设需要大量的经费支持,包括设备购置、技术维护、人力投入等。

3. 数字化馆藏的优势

可持续性保护:数字化馆藏使得馆藏资源可以以数字形式保存,降低了纸质文献的腐化和损坏风险。

便捷获取:数字化馆藏通过网络平台提供在线访问,读者可以随时随地便捷地获取所需信息。

空间节约:数字化馆藏节约了纸质文献的存储空间,使得图书馆可以更有效地利用空间。

多媒体呈现:数字化馆藏不仅包括文本信息,还包括图片、音频、视频等多媒体形式,提供了更丰富的资源形式。

（二）数字化工具在馆藏管理中的应用

1. 条码技术的应用

（1）图书条码管理

数字化服务推动了图书馆馆藏管理中条码技术的广泛应用。每本图书配备独特的条码，通过条码扫描仪进行快速检索、借还书等操作，提高了馆内图书的管理效率。

（2）电子标签管理

数字化服务引入了更为先进的电子标签管理系统，通过RFID（射频识别）技术，实现对图书的实时跟踪、定位和管理。这种技术不仅提高了馆藏的管理水平，还加强了对图书流通过程的监控。

2. 图书馆管理系统

数字化服务在馆藏管理中推动了图书馆管理系统的升级和完善。现代图书馆管理系统通过集成各个模块，如采编模块、借阅模块、查询模块等，实现对馆藏资源的全面、一体化管理。

3. 数据挖掘和分析工具

（1）馆藏数据分析

数字化服务引入数据挖掘和分析工具，对馆藏数据进行深入挖掘。通过对读者借阅行为、图书流通状况等数据的分析，图书馆可以更好地了解读者需求，优化馆藏组织和采购策略。

（2）读者行为分析

数字化服务使得图书馆能够收集大量关于读者行为的数据，如在线阅读记录、检索记录等。通过数据分析工具，图书馆可以更精准地了解读者兴趣，为馆藏的优化提供依据。

（三）对馆藏信息的整合与共享

1. 跨库检索

数字化服务使得不同图书馆、机构之间的馆藏信息能够进行整合和共享。通过跨库检索工具，读者可以在一个平台上检索到多个图书馆的馆藏信息，提高了获取信息的效率。

2. 联合采购

数字化服务促进了图书馆之间的联合采购。通过数字化平台，图书馆可以共同参与数字资源的采购，减轻了单一图书馆经费的负担，丰富了馆藏资源。

3. 全球资源发现工具

数字化服务引入了全球资源发现工具，使得图书馆能够更广泛地发现和获取全球范围内的数字化资源。这不仅提升了馆藏的国际化水平，也拓展了读者的信息获取渠道。

（四）开放获取资源的引入

1. 开放获取资源概述

数字化服务推动了开放获取（Open Access）资源在图书馆馆藏中的引入。开放获取是一种允许用户免费访问、下载、使用和分享学术研究成果的模式，其目的是提高科研成果的可及性和可利用性。

2. 开放获取期刊与文献

（1）开放获取期刊

开放获取期刊的引入使得图书馆能够更广泛地获取高质量的学术研究成果。这些期刊的内容为学术研究和教学提供了更为便捷的资源。

（2）开放获取文献库

开放获取文献库汇聚了来自世界各地的开放获取文献资源。图书馆可以通过这些文献库为读者提供更为多样和全面的文献检索服务，满足不同学科领域的需求。

3. 开放获取资源的优势

公平与共享：开放获取资源的引入使得学术信息更为公平和共享，有助于打破知识获取的地域和经济壁垒。

推动科研：开放获取资源的广泛利用推动了科研工作的进展，有助于加速研究成果的传播与应用。

降低图书馆经费压力：开放获取资源的免费特性减轻了图书馆购买昂贵订阅资源的经济压力，使得馆藏更为灵活和可持续。

（五）数字化服务带来的挑战

1. 版权与法律问题

数字化服务在馆藏管理中面临着涉及版权和法律问题的挑战。数字化馆藏的建设需要考虑到文献的版权情况，确保合法使用并保护知识产权。

2. 技术更新与维护

数字化服务的持续发展需要不断更新和维护技术设备和系统。图书馆需要投入大量的资源来跟进技术的更新，以确保数字化服务的持续稳定运行。

3. 数据隐私和安全

数字化服务涉及大量的用户数据，包括读者的借阅记录、个人信息等。图书馆需要采取措施保障数据隐私和安全，避免信息泄露和滥用。

4. 人才培养与管理

数字化服务的高效运作需要专业的人才，包括信息技术人员、数字化资源管理人员等。图书馆需要注重人才的培养与管理，确保团队具备应对数字化服务挑战的能力。

（六）未来展望

1. 强化数字资源整合

未来，图书馆可进一步强化数字资源整合和共享，通过建立更为开放的数字化平台，实现各类数字资源的有机整合，提升综合信息服务水平。

2. 推动开放获取与创新服务

图书馆可以加强与开放获取资源提供者的合作，推动开放获取资源的多样化和创新。通过引入更多开放获取资源，满足读者多样化的需求。

3. 增强数字服务的用户体验

数字化服务的未来发展应更注重用户体验。通过引入用户界面设计、人机交互技术等手段，提升数字化服务的易用性，为读者提供更为智能和个性化的服务。

4. 深入挖掘数据潜力

未来，图书馆可以进一步利用数据挖掘和分析技术，深入挖掘馆藏数据和读者行为数据，提供更个性化的馆藏推荐服务，促进数字资源的更有效利用。

数字化服务对图书馆藏书管理产生了深刻的影响。通过数字化馆藏的建设、数字化工具在馆藏管理中的应用、对馆藏信息的整合与共享以及开放获取资源的引入，图书馆在数字时代拥有了更为强大和灵活的馆藏管理能力。然而，数字化服务也带来了一系列挑战，包括版权问题、技术更新与维护、数据隐私与安全等。未来，图书馆需要不断创新，强化数字资源整合，推动开放获取与创新服务，增强数字服务的用户体验，深入挖掘数据潜力，以更好地满足读者日益多元化的信息需求。

三、开放获取数据库与馆藏资源的整合

开放获取数据库是一种通过互联网免费提供学术研究成果和其他知识资源的途径。这一模式为全球范围内的研究者和学术机构提供了更加便捷的获取信息的方式。同时，图书馆作为知识管理和传播的中心，也积极借助开放获取数据库来充实和拓展馆藏资源。下面将深入探讨开放获取数据库与馆藏资源的整合，分析其对图书馆服务和读者的影响，同时讨论整合过程中的挑战和未来发展方向。

（一）开放获取数据库的概念和特点

1. 开放获取数据库概述

开放获取数据库是一种通过数字化手段免费提供学术研究成果、文献、数据集等资源的平台。这些数据库通过互联网向全球用户开放，实现了知识的广泛传播和共享。

2. 开放获取数据库的特点

免费获取：开放获取数据库提供免费的在线访问，消除了获取信息的经济门槛，促进了信息的平等获取。

学术研究重点：大部分开放获取数据库聚焦于学术研究领域，包括科学、技术、医学、人文社科等多个学科领域。

数字化形式：资源以数字化形式呈现，包括期刊文章、学位论文、研究报告、数据集等多种形式。

开放授权：开放获取数据库通常采用开放授权模式，如知识共享授权，鼓励用户自由使用、传播和再利用。

（二）开放获取数据库与馆藏资源的整合方式

1. 开放获取资源纳入馆藏

（1）数字化馆藏

图书馆可以将开放获取数据库中的数字化资源纳入自身的数字化馆藏中，形成更加丰富和多样化的数字资源池。

（2）元数据整合

将开放获取数据库的元数据整合到图书馆的图书馆管理系统（Library Management System，简称LMS）中，实现对这些资源的统一管理和检索。

2. 链接服务

（1）链接到开放获取资源

通过馆藏目录或检索系统，向用户提供直接链接到开放获取数据库中相关资源的服务。这种方式提高了用户获取信息的效率。

（2）开发插件和工具

图书馆可以开发浏览器插件或其他工具，使得在浏览开放获取数据库时能够直接链接到图书馆的馆藏资源或提供馆内资源的推荐。

3. 协作与联合采购

（1）图书馆联盟

图书馆可以加入图书馆联盟，通过联合采购和资源共享的方式，获取更多的开放获取资源，并将其整合到自身馆藏中。

（2）跨机构合作

图书馆可以与其他机构、研究中心等建立合作关系，共同构建数字资源库，整合开放获取资源，提高资源的利用效益。

（三）整合带来的图书馆服务和读者影响

1. 丰富馆藏资源

整合开放获取数据库使得图书馆的馆藏资源更为丰富。读者可以通过图书馆获取更多、更广泛领域的学术研究成果，促进知识的多元化。

2. 提升信息检索效率

链接到开放获取数据库或整合开放获取资源的元数据，提升了读者的信息检索效率。读者可以通过图书馆的检索系统一站式地获取相关信息，避免了在不同平台之间反复切换的麻烦。

3. 满足多样化需求

开放获取数据库中的资源涵盖了不同主题、学科和研究方向，整合后的馆藏能够更好地满足读者多样化的信息需求。无论是学术研究、教学支持还是个人兴趣，都能够找到相关资源。

4. 提高学术研究水平

整合开放获取资源有助于提高学术研究水平。研究者可以更方便地获取最新的研究成果和文献，促进学术研究的深入发展。

5. 提升图书馆服务价值

整合开放获取资源不仅为读者提供了更丰富的信息资源，同时也提升了图书馆的服务价值。图书馆不再仅仅是一个存储和借阅纸质书籍的场所，更成为一个连接全球学术信息的中心。

（四）整合过程中的挑战

1. 版权与许可问题

整合开放获取资源时，涉及不同的版权和许可协议，需要确保整合的过程中遵守相关法规，防止侵犯知识产权。部分开放获取资源可能采用不同的开放许可，因此在整合过程中需要细致处理版权信息，确保合法使用。

2. 数据质量和一致性

开放获取数据库中的数据可能具有不同的格式和结构，其质量和一致性可能存在差异。在整合过程中，图书馆需要解决数据质量问题，确保整合后的馆藏数据具有一致性，以提供更好的服务。

3. 技术标准和互操作性

不同的开放获取数据库可能使用不同的技术标准和数据格式，这可能导致在整合过程中出现技术互操作性的问题。图书馆需要投入资源，确保各个系统和数据库能够协同工作，以实现数据的无缝整合。

4. 资源管理与维护成本

整合开放获取资源可能增加图书馆的资源管理与维护成本。由于开放获取资源的不断更新和变化，图书馆需要投入更多的资源来保持整合系统的稳定性和有效性。

5. 需求变化和用户培训

整合开放获取资源可能会改变图书馆的服务模式和读者需求。图书馆需要适应这些变化，进行用户培训，确保读者能够充分利用整合后的资源。

（五）未来发展方向

1. 制定统一的元数据标准

为了解决不同开放获取数据库之间元数据格式的差异，图书馆可以积极参与和制定统一的元数据标准，以提高整合的效率和一致性。

2. 推动开放获取资源的开放 API

通过推动开放获取资源提供开放的应用程序接口（API），可以使不同系统更加容易互联互通，提高整合的灵活性和互操作性。

3. 强化知识图谱构建

利用知识图谱构建技术，图书馆可以更好地组织和整合开放获取资源，建立资源之间的关联关系，提供更智能、个性化的服务。

4. 深度挖掘数据潜力

通过使用先进的数据挖掘和分析技术，图书馆可以深度挖掘整合后的数据，更好地了解读者需求，为馆藏发展和服务提供数据支持。

5. 强化数字素养培训

加强读者和图书馆工作人员的数字素养培训，使其更好地利用整合后的开放获取资源，提高信息素养，适应数字时代的知识管理。

开放获取数据库与馆藏资源的整合是图书馆数字化发展的重要方向之一。通过整合，图书馆丰富了馆藏资源，提高了信息检索效率，满足了读者多样化的需求，同时提升了图书馆的服务价值。然而，整合过程中也面临着版权与许可问题、数据质量和一致性的挑战,需要图书馆在推进整合的同时,解决这些问题。未来,图书馆可以通过制定统一的元数据标准、推动开放 API、强化知识图谱构建等方式,进一步提升整合效果,以更好地适应数字时代的图书馆服务发展。整合开放获取资源,将是图书馆数字化服务不断拓展和优化的重要战略方向。

四、数字化借阅与归还流程的优化

随着科技的不断进步,图书馆在数字时代迎来了数字化借阅与归还的新机遇。数字化借阅与归还不仅提高了图书馆的效率,也为读者提供了更为便捷的服务体验。下面将深入探讨数字化借阅与归还流程的优化,包括数字化技术的应用、自动化系统的建设、用户体验的改善等方面,以期为图书馆提供更具创新性和高效性的服务。

(一)数字化技术在借阅与归还流程中的应用

1. 电子标签与 RFID 技术

(1)电子标签的应用

电子标签可以嵌入图书中,实现对图书的追踪和管理。借阅时,通过电子标签,系统可以准确识别图书的信息,提高了借阅的准确性。

(2)RFID 技术的应用

RFID 技术通过射频识别,可以实现对图书的非接触式读写,加速了借阅与归还的速度。读者只需将书籍放在 RFID 阅读器上,系统即可自动记录借阅或归还的信息。

2. 移动应用与扫码技术

(1)移动应用的借阅功能

通过图书馆的移动应用,读者可以使用智能手机进行借阅操作。通过应用扫描图书上的二维码或 ISBN 码,实现快速借阅,提高了借阅的便捷性。

(2)扫码技术在归还中的应用

读者在归还图书时,可以使用移动应用扫描图书上的条形码或二维码,系统会自动识别图书信息,简化了归还流程,减少了人工操作。

3. 云计算与大数据分析

（1）云计算在借阅流程中的优势

借阅与归还涉及大量数据的处理，云计算技术可以提供高效的数据存储和计算能力，支持图书馆应对大规模的借阅需求。

（2）大数据分析优化服务

通过对借阅与归还数据进行大数据分析，图书馆可以更好地了解读者的借阅习惯，优化馆藏布局，提供更个性化的服务。

（二）自动化系统的建设与优化

1. 自助借还设备

（1）自助借还设备的布局

在图书馆设立自助借还设备，使得读者可以独立完成借阅与归还操作，减轻了工作人员的负担，提高了服务效率。

（2）设备智能化

通过引入智能化技术，自助借还设备可以与图书馆管理系统实现实时连接，实现借还记录的即时更新，提供更为实时的借阅信息。

2. 高效的图书馆管理系统

（1）一体化系统

建设一体化的图书馆管理系统，集成借阅、归还、图书检索等功能，使得整个系统更加高效协同，提高了工作效率。

（2）用户身份验证与管理

引入先进的身份验证技术，如生物识别技术或多因子认证，保障读者的账户安全，减少借阅过程中的身份误认。

3. 数据同步与实时监控

（1）数据同步

建立数据同步机制，确保借阅与归还操作产生的数据能够实时同步到图书馆管理系统中，避免信息滞后和不一致。

（2）实时监控系统

建立实时监控系统，通过监测自助借还设备和图书馆管理系统的运行状态，及时发现并解决潜在问题，确保系统的稳定性和可靠性。

4. 移动端应用的优化

（1）用户界面设计

通过优化移动端应用的用户界面设计，使得借阅与归还操作更加直观、简便，提升了用户体验。

（2）实时通知服务

通过移动端应用向读者发送实时通知，包括借阅成功、即将到期、归还完成等信息，使读者对借阅状态的了解更进一步。

（三）用户体验的改善

1. 个性化推荐服务

（1）借阅历史分析

通过分析读者的借阅历史数据，实现个性化推荐服务，向读者推荐其可能感兴趣的图书，提高了借阅的满意度。

（2）实时推送

借助大数据分析技术，图书馆可以实时推送与读者兴趣相关的新书、热门书籍等信息，使得读者能够及时了解到图书馆的最新资源。

2. 跨平台无缝衔接

（1）多渠道访问

确保借阅与归还服务在不同平台间实现无缝衔接，读者可以在图书馆自助设备、移动端应用、网页等多个渠道进行借阅与归还操作。

（2）统一账户体系

建立统一的用户账户体系，使得读者可以在不同平台使用同一账户进行借阅与归还，提高了跨平台使用的便捷性。

3. 反馈机制与沟通渠道

（1）意见反馈系统

建立完善的意见反馈系统，鼓励读者提出对借阅与归还流程的意见和建议，以便图书馆及时了解用户需求。

（2）在线客服与社交媒体互动

通过在线客服系统和社交媒体平台，提供及时的服务支持，回答读者的问题，增强图书馆与读者之间的沟通与互动。

（四）安全性与隐私保护

1. 安全技术的应用

（1）数据加密

在借阅与归还流程中采用数据加密技术，确保用户的借阅信息在传输和存储过程中得到有效保护，防止信息泄露。

（2）安全审计系统

建立安全审计系统，记录借阅与归还操作的日志，监测异常行为，提高系统的安全性。

2. 隐私保护措施

（1）匿名化处理

在借阅与归还数据中采用匿名化处理方法，去除个人身份信息，保护用户的隐私。

（2）明示隐私政策

通过明示隐私政策，告知用户借阅与归还流程中所涉及的个人信息处理方式，增强用户对隐私的信任。

（五）面临的挑战与应对策略

1. 技术更新与维护

随着技术的不断发展，借阅与归还系统需要不断更新维护，以适应新技术的应用。图书馆需要制订定期的系统更新计划，确保系统的稳定性和兼容性。

2. 人员培训与接受程度

引入新的数字化技术需要工作人员具备相应的操作技能和知识。图书馆应开展定期的培训，提高工作人员对新技术的接受程度，确保系统的正常运行。

3. 成本与投资回报

数字化借阅与归还系统的建设和维护涉及一定的成本。图书馆需要在投资与回报的平衡上进行谨慎考虑，确保投资能够带来长期的服务效益。

4. 法规与政策遵循

数字化借阅与归还系统的运行需要遵循相关的法规和政策，尤其是涉及用户隐私和数据安全的方面。图书馆需要定期审查和更新相关政策，确保系统的合规性。

（六）未来展望

数字化借阅与归还流程的优化是图书馆数字化服务不断发展的重要组成部分。未来，随着技术的不断创新，图书馆可以进一步深化数字化技术在借阅与归还中的应用，提高自动化系统的智能化水平，不断改善用户体验。

五、自动化系统面临的安全与隐私问题

随着自动化技术在各个领域的广泛应用，自动化系统在提高效率、降低成本的同时，也面临着诸多安全与隐私问题。下面将深入探讨自动化系统面临的安全与隐私问题，分析其中的挑战，并提出相应的解决策略，以确保自动化系统的稳健性和用户隐私的保护。

（一）自动化系统的常见安全问题

1. 数据泄露与隐私侵犯

（1）敏感信息泄露

自动化系统中可能包含用户的敏感信息，如个人身份、财务信息等。一旦系统存在漏洞或被攻击，这些敏感信息可能被泄露，导致用户隐私被侵犯。

（2）数据传输安全性

在自动化系统中，数据的传输过程容易受到中间人攻击，使得敏感信息在传输中被窃取。安全的数据传输机制是确保信息安全的重要环节。

2. 恶意软件与病毒攻击

（1）恶意软件入侵

自动化系统存在被恶意软件入侵的风险，这可能导致系统崩溃、数据破坏，

甚至是对系统进行远程控制。

（2）病毒传播

自动化系统中的设备之间通过网络连接，这也为病毒传播提供了途径，一旦某个设备感染病毒，可能迅速传播至整个系统。

3. 不可信的数据源

（1）数据源的安全性

自动化系统通常需要依赖各种数据源，如果这些数据源受到未经授权的篡改，系统可能会基于不准确或恶意数据做出错误的决策。

（2）数据源的可用性

如果系统高度依赖某个数据源，而该数据源遭到拒绝服务攻击或其他故障，系统的正常运行可能会受到影响。

4. 弱密码与身份验证问题

（1）弱密码的使用

在自动化系统中，一些用户可能使用弱密码，容易受到密码破解攻击。弱密码可能成为入侵者获取系统权限的一条途径。

（2）身份验证不严谨

系统中的身份验证机制如果不严谨，可能被攻击者冒充合法用户，获取系统权限，进而实施攻击行为。

（二）自动化系统的隐私问题

1. 实时监控与隐私侵犯

（1）视频监控隐私问题

自动化系统中的视频监控技术可能涉及个体隐私的侵犯，如在工作场所、公共场所等实时监控下，个人行为可能被记录并被滥用。

（2）行为识别与隐私泄露

自动化系统通过行为识别技术可能获取个体的习惯、兴趣等信息，这些信息的收集和使用可能侵犯个体的隐私。

2. 位置跟踪与个体自由

（1）GPS 定位隐私问题

一些自动化系统通过 GPS 等定位技术跟踪个体的位置，这可能泄露个体的日常行踪，引发位置隐私的担忧。

（2）移动设备跟踪

在智能手机和其他移动设备上的应用程序可能收集用户的位置信息，若这些信息被滥用，可能导致个体的行踪被不法分子追踪。

3. 数据共享与第三方风险

（1）第三方数据共享

自动化系统中的数据可能需要与第三方进行共享，而这涉及数据隐私的问题，尤其是在没有严格的数据保护协议的情况下。

（2）数据合并与个体画像

不同数据源的信息可能被合并，形成个体的详细画像，如果这些画像被滥用，可能对个体的隐私造成深远影响。

（三）安全与隐私问题的解决策略

1. 数据安全策略

（1）强化数据加密

采用先进的加密算法，确保数据在传输和存储过程中得到充分的保护，防止敏感信息泄露。

（2）数据备份与恢复

建立定期的数据备份机制，以防止数据丢失，同时建立可靠的数据恢复策略，确保系统在遭受攻击后能够迅速恢复。

2. 恶意攻击防护

（1）安全审计与监控

建立安全审计系统，实时监控系统的运行状态，及时发现异常行为，并采取相应的应对措施，以保障系统的安全性。

（2）更新与漏洞修复

定期更新系统及其组件，及时安装补丁以修复已知漏洞，减少系统受到已知攻击方式的威胁。

3. 强化身份验证与访问控制

（1）多因素身份验证

引入多因素身份验证机制，增加用户身份验证的复杂性，提高系统对未经授权访问的抵抗力。

（2）访问权限管理

细化访问权限，确保用户只能访问其需要的信息和功能，防止恶意用户获取敏感信息。

4. 隐私保护策略

（1）匿名化处理

在数据收集和处理阶段采用匿名化技术，去除个人身份信息，从根本上保护用户的隐私。

（2）明示隐私政策

向用户明示系统的隐私政策，说明系统将采集哪些信息、如何使用这些信息，增强用户对隐私的掌控感和信任感。

5. 加强用户教育与培训

（1）安全意识培训

开展定期的安全意识培训，提高系统用户对安全问题的认识，降低因用户疏忽导致的安全风险。

（2）隐私保护教育

教育用户有关隐私保护的知识，使其更加谨慎地处理个人信息，防范社会工程学攻击。

6. 合规性与法规遵循

（1）遵循相关法规

系统的设计和运行应当遵循相关的法规和法律，包括但不限于个人隐私保护法、数据保护法等，以充分保障用户权益。

（2）定期审查合规性

定期审查系统运行是否符合法规和政策的要求，确保系统在法律框架内合规运行。

（四）未来趋势与展望

面对自动化系统安全与隐私问题，未来的发展趋势将主要集中在以下几个方面：

1. 区块链技术的应用

区块链技术的去中心化特点能够提供更安全的数据存储和传输方式，有望在自动化系统中得到广泛应用，以确保数据的完整性和安全性。

2. 隐私计算与同态加密

隐私计算和同态加密等先进技术的发展将使在不暴露原始数据的情况下进行数据分析成为可能，有助于解决数据在使用过程中的隐私问题。

3. 强化法规与标准体系

各国将会加强对自动化系统安全与隐私的法规制定，推动建立更为健全的标准体系，加强对企业和组织的监管力度，以保障用户的合法权益。

4. 人工智能的安全应用

随着人工智能技术的广泛应用，将会出现更多基于人工智能的安全防护系统，包括智能监测、自动化响应等，以提高系统的自我防护能力。

5. 用户参与与治理

用户将更多地参与到系统安全和隐私治理中，包括自主选择数据共享程度、监督数据处理流程等，以实现用户与系统之间的合作共赢。

自动化系统在提高效率、降低成本的同时，也带来了一系列的安全与隐私问题。为确保自动化系统的可信赖性，必须采取一系列的安全措施，包括强化数据安全、防范恶意攻击、加强身份验证与访问控制、实施隐私保护策略等。随着科技的不断进步，未来的发展趋势将围绕区块链、隐私计算、人工智能应用等方向，以全面提升自动化系统的安全性和隐私保护水平。同时，社会各界的共同努力，包括法规制定、技术创新、用户参与等，也将为自动化系统的安全与隐私问题提供更为全面和可持续的解决方案。

第二节 移动应用程序与图书馆服务扩展

一、移动应用程序在提升读者服务效率中的作用

随着移动技术的迅猛发展，移动应用程序在各行各业中扮演着越来越重要的角色。在图书馆和阅读服务领域，移动应用程序的出现为读者提供了更加便捷、个性化的服务体验。下面将深入探讨移动应用程序在提升图书馆读者服务效率中的作用，分析其在阅读资源获取、借阅管理、交互沟通等方面的应用，并探讨未来发展的趋势。

（一）移动应用程序在阅读资源获取中的作用

1.电子书籍和在线期刊的便捷访问

移动应用程序为读者提供了对电子书籍和在线期刊的便捷访问途径。通过移动应用，读者可以随时随地使用智能手机或平板电脑获取所需的电子资源，无须受制于时间和地点。

2.个性化推荐服务

通过分析读者的阅读历史、兴趣爱好等信息，移动应用程序可以实现个性化推荐服务。系统能够根据读者的偏好向其推荐相关的图书、期刊和文章，提高阅读的针对性和满意度。

3.多媒体资源的整合利用

移动应用程序不仅提供文字类阅读资源，还整合了音频、视频等多媒体资源，丰富了阅读体验。读者可以通过应用程序欣赏相关学术讲座、演讲录音等，使阅读不再局限于传统的纸质书籍。

4.实时更新与即时获取

移动应用程序通过与图书馆数据库的实时连接，使读者能够获取到最新的图书馆资源和信息。无论是新书上架、活动通知还是图书馆公告，都能在第一时间通过应用程序传达给读者，提高信息的时效性。

（二）移动应用程序在借阅管理中的作用

1. 自助借还服务

移动应用程序为图书馆引入了自助借还服务，读者无须前往图书馆柜台，通过应用程序就可以完成图书的借阅和归还操作。这极大地提高了借阅效率，减少了人力资源的浪费。

2. 借阅历史与个人档案管理

通过移动应用程序，读者可以查阅个人的借阅历史记录，了解自己的阅读喜好和借阅习惯。这有助于读者更好地管理自己的阅读档案，制订阅读计划。

3. 预约和续借服务

应用程序为读者提供了方便的图书预约和续借服务。读者可以随时通过应用程序查询图书馆的馆藏情况，选择心仪的图书进行预约，并在逾期前通过应用程序进行续借操作，避免逾期费用。

4. 读者反馈与评价

移动应用程序为读者提供了一个方便快捷的渠道，使他们能够随时随地向图书馆反馈问题、提出建议，甚至进行图书评价。这有助于图书馆更好地了解读者需求，改进服务质量。

（三）移动应用程序在交互沟通中的作用

1. 在线咨询与客服服务

移动应用程序通过集成在线咨询和客服服务功能，使读者能够实时向图书馆工作人员提问、寻求帮助。这种即时沟通的方式有助于解决读者在阅读过程中遇到的问题。

2. 活动通知与参与

图书馆通过应用程序发布活动通知、讲座信息等，鼓励读者积极参与图书馆的各类活动。移动应用程序的消息推送功能可以及时将相关信息传达给读者，提高了读者的参与度。

3. 社交互动与读者分享

一些移动应用程序通过社交互动功能，允许读者在应用内分享自己的阅读心得、书评等。这种社交化的阅读体验促进了读者之间的交流与互动，形成了一个共享阅读资源的社区。

4. 个人通知与提醒服务

移动应用程序可以根据读者的个人需求，提供个性化的通知与提醒服务。例如，提醒读者还书日期、推送新书上架通知等，让读者能够更好地管理自己的阅读计划。

（四）未来趋势与发展方向

1. 智能化与个性化服务

未来移动应用程序将更加智能化，通过人工智能技术分析读者的阅读行为，为读者提供更为个性化的服务。智能推荐、个性化阅读计划等功能将进一步提升读者体验，使其感受到更贴近个人需求的图书馆服务。

2. 融合增强现实（AR）与虚拟现实（VR）

融合增强现实和虚拟现实技术，使移动应用程序能够提供更为沉浸式的阅读体验。读者可以通过应用程序参与虚拟图书展览、阅读 AR 增强的图书内容，将阅读体验推向新的高度。

3. 拓展社交化阅读体验

未来的移动应用程序将更加强调社交化阅读体验。通过构建更为活跃的阅读社区，读者可以分享自己的阅读心得、参与书籍讨论，促进读者之间的互动和交流。

4. 强化安全与隐私保护

随着移动应用程序涉及更多个人信息和阅读行为数据，未来的发展需要更加强化安全与隐私保护。采用先进的加密技术、严格的访问控制机制，确保读者的个人信息不被非法获取或滥用。

5. 跨平台整合与云服务

未来移动应用程序将更加注重跨平台整合，兼容不同操作系统和设备，为读者提供无缝的阅读体验。云服务将被广泛应用，使读者能够在不同设备上同步阅读进度、书签等信息。

6. 数据分析与智能决策

通过对读者行为数据的深度分析，未来的移动应用程序将更具智能决策能力。图书馆可以借助数据分析技术预测读者的阅读兴趣、购书需求，从而更好地进行馆藏管理和服务规划。

（五）挑战与应对策略

1. 安全与隐私问题

随着移动应用程序涉及的信息越来越丰富，安全与隐私问题成为亟待解决的挑战。图书馆需要采取强化的加密技术、严格的用户身份验证机制，以及明确的隐私政策来应对这一挑战。

2. 技术更新与适应性

移动技术的迅速更新可能导致应用程序在不同设备和操作系统上的适应性问题。图书馆需要持续关注技术发展动态，及时更新应用程序，确保读者始终能够享受到最新的服务。

3. 读者教育与推广

一些读者可能对移动应用程序的使用不够熟悉，图书馆需要进行持续的读者教育与推广工作。通过举办培训活动、提供使用指南等方式，使更多读者了解并能够充分利用移动应用程序。

4. 成本与资源投入

开发和维护移动应用程序需要一定的成本与资源投入。图书馆需要进行全面的成本效益分析，权衡投入与回报，确保移动应用程序的发展符合图书馆的整体发展战略。

移动应用程序在提升图书馆读者服务效率方面发挥着重要的作用。通过方便的阅读资源获取、智能的借阅管理、互动沟通等功能，移动应用程序为读者提供了更为便捷、个性化的阅读体验。未来，随着技术的不断创新和社会需求的不断演变，移动应用程序将继续发挥推动图书馆服务升级的重要作用。图书馆需要积极应对挑战，不断提升安全性、适应性，并加强对读者的教育与推广，以更好地满足读者的多元化需求。

二、移动应用与实体图书馆的互动方式

随着移动技术的快速发展，移动应用程序在图书馆领域的应用也日益成为一种重要的趋势。移动应用与实体图书馆的互动方式不仅为读者提供了更加便捷的服务，也拓展了图书馆的服务边界。下面将深入探讨移动应用与实体图书馆的互动方式，涵盖了资源获取、社交互动、导航服务、个性化服务等多个方面，并对未来的发展趋势进行展望。

（一）资源获取与管理

1. 电子图书馆与在线资源

通过移动应用，读者可以方便地访问图书馆的电子图书馆和在线资源。移动应用提供了直观的界面，使读者能够轻松浏览图书馆的数字化藏书，搜索所需的电子资源，并进行在线阅读或下载。

2. 个性化推荐服务

移动应用通过分析读者的阅读历史、兴趣爱好等信息，提供个性化的图书推荐服务。这种个性化推荐能够让读者更快速地找到符合自己兴趣的图书，提升阅读体验。

3. 自助借还服务

移动应用为实体图书馆引入了自助借还服务。通过应用程序，读者可以扫描图书的条形码进行借书，甚至在不同的图书馆之间实现互借。这种服务方式减少了读者在借还书过程中的等待时间，提高了效率。

4. 书目管理与借阅历史查阅

移动应用提供了方便的书目管理功能，读者可以在应用中建立个人的图书收藏、阅读清单，随时随地查看自己的借阅历史，方便管理和回顾自己的阅读记录。

（二）社交互动与参与

1. 在线社区与读者互动

一些移动应用为图书馆搭建了在线社区平台，读者可以在应用中参与图书讨论、发表评论、分享阅读心得。这种社交互动扩大了读者之间的交流范围，形成

了一个共同的阅读社区。

2. 活动通知与报名服务

通过移动应用，图书馆可以向读者推送最新的活动通知，包括讲座、展览、读书会等。读者可以在应用中查看详细信息，并在线报名参加，提高了读者参与图书馆活动的便捷性。

3. 书单分享与推荐

一些移动应用提供了读者创建和分享书单的功能。读者可以通过应用创建自己的书单，并将其分享给其他读者，实现书单的互动式推荐，激发读者之间对书籍的共鸣与讨论。

4. 个人图书馆展示

移动应用允许读者在应用中展示个人的图书馆，通过拍照上传自己的书架、图书收藏，与其他读者分享个人的阅读空间，促进读者之间更深层次的交流。

（三）导航服务与空间利用

1. 室内导航与馆内定位

一些移动应用整合了室内导航技术，使得读者能够在实体图书馆中轻松找到目标书架或服务区域。通过应用提供的定位功能，读者可以更高效地利用图书馆的空间。

2. 图书馆地图与资源标注

移动应用提供图书馆地图，标注了各个区域的服务内容和资源位置。读者可以在应用中查看图书馆的平面布局，了解不同区域的功能，更便捷地规划阅读路径。

3. 座位预约与利用率统计

一些应用允许读者在移动端预约图书馆的阅览座位，避免座位紧张的情况发生。图书馆可以通过应用统计座位的利用率，优化座位分配，提高空间利用效率。

（四）个性化服务与用户体验

1. 阅读计划与提醒服务

移动应用允许读者设定阅读计划，并提供定时提醒服务。通过应用，读者可以合理规划自己的阅读时间，提高阅读的系统性和计划性。

2.个性化问答与咨询服务

一些移动应用集成了个性化问答与咨询服务，读者可以通过应用向图书馆工作人员提问问题，获取个性化的解答。这种服务形式弥补了传统图书馆咨询服务的时间和地域限制。

3.个人推送与消息提醒

通过分析读者的阅读偏好和行为，移动应用可以向读者推送个性化的消息，包括新书推荐、活动通知、阅读建议等。这种个人推送提高了读者获取信息的主动性和精准度。

4.可视化阅读数据分析

移动应用可以提供可视化的阅读数据分析，包括阅读时长、阅读频次、阅读偏好等。读者可以通过应用了解自己的阅读习惯，更好地调整阅读计划和选择阅读内容。

（五）未来发展趋势与展望

1.融合增强现实（AR）与虚拟现实（VR）

未来，移动应用与实体图书馆的互动方式可能会更多地融合增强现实（AR）和虚拟现实（VR）技术。通过 AR 技术，读者可以在实体书架上看到数字标签，了解书籍信息；而 VR 技术则可以提供更为沉浸式的阅读体验，模拟不同的阅读场景。

2.区块链技术的应用

区块链技术的应用也有望进一步推动移动应用与实体图书馆的互动。区块链可以用于建立图书馆资源的透明、不可篡改的借阅记录，确保借阅信息的安全性和可信度。

3.智能语音助手与自然语言处理

随着智能语音助手和自然语言处理技术的不断发展，未来的移动应用可能会通过语音交互方式与读者互动。读者可以通过语音提问、获取信息，提高应用的智能交互性。

4. 大数据分析与个性化服务

随着大数据分析技术的不断成熟,移动应用将更加精准地分析读者的行为数据,提供更个性化、精准的服务。从而进一步提高图书馆服务的质量和读者的满意度。

5. 智能导航与定位服务

未来的移动应用可能会更加强调智能导航和定位服务。通过融合室内导航技术和实时定位技术,读者可以更快速地找到目标书籍、服务区域,提升实体图书馆的空间利用效率。

(六)挑战与应对策略

1. 隐私与安全问题

随着移动应用与实体图书馆互动的增多,隐私与安全问题将变得更为突出。图书馆需要采用严格的隐私保护措施,加密存储用户信息,确保用户数据的安全性。

2. 技术更新与设备兼容性

随着技术的不断更新,移动应用需要保持与最新技术的兼容性。图书馆需要定期更新应用,确保其在不同设备和操作系统上的正常运行。

3. 用户教育与推广

读者可能对新的移动应用功能不够熟悉,图书馆需要进行定期的用户教育与推广活动。通过培训和宣传,提高读者对移动应用的认知和使用意愿。

4. 数据治理与合规性

移动应用涉及大量用户数据,图书馆需要建立完善的数据治理机制,确保数据的合法、合规使用。同时,应遵循相关法规和政策,保障用户隐私权益。

移动应用与实体图书馆的互动方式为图书馆服务注入了新的活力。通过资源获取与管理、社交互动、导航服务、个性化服务等多方面的互动方式,移动应用丰富了图书馆的服务形式,提升了读者的体验。未来,随着技术的不断发展和用户需求的不断变化,移动应用在实体图书馆中的应用将更加广泛,为图书馆与读者之间搭建更为紧密、便捷的沟通桥梁。图书馆需要不断创新,应对挑战,以更好地满足读者的多元化需求。

三、移动应用在图书馆导航与定位中的应用

随着移动技术的飞速发展,移动应用在图书馆导航与定位方面的应用越加重要。传统图书馆作为知识的仓库,拥有庞大的馆藏,读者在其中迅速准确地找到目标图书或服务区域一直是一个挑战。移动应用的导航与定位功能有效地解决了这一难题,提升了图书馆服务的效率和读者体验。下面将深入探讨移动应用在图书馆导航与定位中的应用,包括技术原理、功能特点、实际应用效果以及未来发展趋势。

(一)技术原理与功能特点

1. 技术原理

移动应用在图书馆导航与定位中通常借助以下技术实现。

室内定位技术:利用无线信号(Wi-Fi、蓝牙、RFID等)、传感器(加速度计、陀螺仪)等技术,对移动设备进行实时定位,实现室内导航。

地图服务:结合室内地图,利用定位数据为用户提供实时的位置信息,使用户清晰了解自己在图书馆的位置。

增强现实:通过摄像头捕捉实际场景,叠加虚拟信息,使用户在真实环境中获得虚拟的导航提示。

2. 功能特点

移动应用在图书馆导航与定位方面具有以下显著的功能特点。

实时定位服务:提供实时的用户定位服务,使用户可以随时了解自己在图书馆的具体位置。

路线规划:根据用户目标位置,生成最优的行走路线,引导用户快速、准确地到达目的地。

多层次导航:针对图书馆复杂的空间结构,能够提供多层次的导航,包括楼层、区域等详细信息。

交互性与可视化:通过图形界面展示导航路径,结合文字、图标等直观的方式,提高用户交互性和可视化程度。

（二）实际应用效果

1.高效的图书检索

移动应用的导航与定位功能使得读者在图书馆内可以高效地进行图书检索。读者通过应用输入目标书籍信息，应用根据定位数据提供详细的导航路径，帮助读者快速找到所需书籍。

2.提升阅览座位利用率

一些移动应用结合导航功能还提供了阅览座位的实时定位服务。读者可以在应用中查看各个阅览区域的座位利用情况，选择空闲座位，提高了阅览座位的利用率。

3.促进馆内服务活动

移动应用的导航与定位功能也被用于推广馆内服务活动。通过应用，图书馆可以向读者推送活动通知，包括展览、讲座、培训等，同时提供导航服务，引导读者到达活动现场。

4.改善服务体验

导航与定位功能不仅提高了图书馆的服务效率，同时也改善了读者的服务体验。读者不再因为迷路而耽误时间，能更专注于图书馆提供的学术资源和服务。

（三）未来发展趋势

1.融合AR与VR技术

未来，移动应用在图书馆导航与定位中可能融合增强现实（AR）和虚拟现实（VR）技术。AR技术可以为用户提供实时的图书馆信息叠加，而VR技术则能够模拟沉浸式的导航体验，提高用户的空间感知度。

2.智能语音助手导航

随着智能语音助手技术的发展，未来的移动应用可能会提供更加智能的语音导航服务。读者可以通过语音交互方式获取导航信息，实现更便捷的图书馆导航体验。

3.区块链技术应用

区块链技术的引入可能用于提升导航与定位的数据安全性。通过区块链技术建立不可篡改的导航数据记录，确保用户定位信息的安全和可信度。

4. 个性化服务与推荐

未来的移动应用可能更加注重个性化服务与推荐。基于用户历史定位数据和阅读行为，应用会提供个性化的导航建议，包括推荐阅读区域、提醒用户相关服务活动等，从而更好地满足不同读者的需求。

5. 室外与室内无缝切换

未来的导航与定位应用可能实现室内与室外的无缝切换。通过整合室内定位技术和室外导航服务，用户可以在图书馆建筑之间、校园内自由切换导航模式，提供更为全面的导航服务。

6. 多源数据整合

将来的导航与定位系统可能会更多地整合多源数据。除了传统的无线信号、传感器数据外，还可以整合摄像头图像、社交媒体数据等，提供更全面、更准确的定位服务。

（四）挑战与应对策略

1. 隐私与安全问题

随着定位技术的广泛应用，隐私与安全问题将变得更为突出。图书馆需要采取严格的隐私保护措施，确保用户定位信息的安全和合规性，明确数据采集、存储和使用的规范。

2. 技术更新与适应性

移动应用的导航与定位依赖于不断发展的技术，因此应用需要保持与最新技术的兼容性。图书馆需要定期更新应用程序，确保其在不同设备和操作系统上的正常运行。

3. 用户教育与推广

尽管导航与定位应用在提升服务效果方面有巨大潜力，但一些用户可能对新技术的使用不够熟悉。图书馆需要进行用户教育与推广，通过培训和宣传，提高用户对导航与定位应用的认知和使用意愿。

4. 数据治理与透明度

导航与定位系统产生大量的用户数据,图书馆需要建立完善的数据治理机制,确保数据的透明度和合法使用。用户需要清楚自己的数据将如何被使用,图书馆应提供相关的隐私政策和使用说明。

移动应用在图书馆导航与定位中的应用给图书馆服务带来了革命性的变化。通过实时定位服务、路线规划、多层次导航等功能,移动应用有效地解决了读者在图书馆内找书、找座位等问题,提高了服务效率和用户体验。未来,随着技术的不断发展,导航与定位应用将更加智能化、个性化,进一步提升服务水平。同时,图书馆需要应对相关的隐私、安全、技术更新等挑战,以确保应用的可持续发展,并更好地服务于读者的学术和信息需求。

四、移动应用的用户体验与反馈分析

移动应用作为信息社会中不可或缺的一部分,对于用户体验至关重要。用户体验(User Experience,简称 UX)不仅仅关乎应用的外观设计,更涉及用户在使用应用过程中的感知、情感、效率等多个方面。用户反馈作为衡量用户体验的一个关键指标,通过用户的实际使用和回馈信息,开发者可以不断优化应用,提升用户满意度。下面将深入探讨移动应用的用户体验与反馈分析,包括用户体验的重要性、影响用户体验的因素、用户反馈的种类与意义,以及如何通过反馈数据优化用户体验。

(一)用户体验的重要性

1. 定义与范围

用户体验是指用户在使用产品或服务的过程中所感知到的一系列主观感受,包括但不限于使用的便捷性、效率、满意度、情感等。在移动应用中,用户体验涵盖了应用的界面设计、交互流程、性能表现等方面。

2. 影响因素

良好的用户体验有赖于多个因素的综合作用。

界面设计:直观、简洁、美观的界面设计能够提升用户对应用的好感度,降低使用的学习成本。

交互设计:流畅的交互设计使用户能够更自然地完成操作,减少用户的困扰感。

性能表现:应用的稳定性、响应速度直接关系到用户的使用体验,不良的性能可能导致用户流失。

内容质量:提供高质量、有趣的内容能够吸引用户,增加用户的停留时间和使用频率。

个性化服务:根据用户的偏好和行为提供个性化的服务,能够让用户感到被重视,提升用户黏性。

3. 用户满意度与忠诚度

良好的用户体验直接关联到用户满意度和忠诚度。用户满意度是用户对应用使用过程中的总体满意感,而忠诚度则表明用户对应用的长期使用和推荐意愿。通过提高用户体验,可以增强用户的满意度和忠诚度,进而提升应用的市场竞争力。

（二）影响用户体验的因素

1. 设计与界面

（1）直观性

设计应简单直观,用户能够迅速理解应用的功能和操作方式,降低学习成本。

（2）一致性

界面元素的一致性使用户在不同场景下都能够找到熟悉的元素,提高用户的使用效率。

（3）反馈机制

应用对用户的操作给予及时、明确的反馈,让用户知道他们的操作是否成功,增加用户信任感。

2. 交互设计

（1）流畅性

良好的交互设计使用户能够流畅地完成任务,不会出现卡顿、延迟等问题。

（2）导航结构

清晰的导航结构能够帮助用户快速找到所需信息,减少用户在应用内迷路的可能性。

（3）可操作性

按钮、链接等元素的大小、位置合适，不易误操作，提高用户的满意度。

3. 性能与响应速度

（1）稳定性

应用的稳定性是用户体验的基础，不稳定的应用容易导致用户流失。

（2）响应速度

快速的响应速度能够减少用户等待时间，提高用户的使用效率。

4. 内容质量与个性化服务

（1）内容质量

提供高质量、有趣的内容是用户选择使用应用的主要原因之一。

（2）个性化推荐

根据用户的历史行为和偏好，为用户推荐相关的内容，提升用户体验。

（三）用户反馈的种类与意义

1. 积极反馈

（1）赞扬和表扬

用户对应用功能、设计等方面的称赞，有助于开发者了解用户认可的部分，为未来的改进提供方向。

（2）高分评价

在应用商店中给予高分评价，不仅是对应用的认可，也能够吸引更多用户下载使用。

2. 消极反馈

（1）问题报告

用户反馈应用中存在的问题，包括功能异常、崩溃等，有助于开发者及时修复 bug。

（2）用户建议

用户提出的建议和意见反映了用户的期望，对于优化应用具有指导性意义。

3. 意见与建议

（1）用户意见

用户的意见可能涉及到应用的改进、新增功能、界面调整等方面，这些意见是宝贵的产品改进的参考。

（2）用户建议

用户建议通常包含对于应用未来发展方向的看法，对产品策略和未来规划提供了有益的参考。

（四）如何通过反馈数据优化用户体验

1. 数据分析工具

（1）用户行为分析

利用用户行为分析工具，了解用户在应用中的实际行为路径，找出用户可能遇到的瓶颈和问题。

（2）反馈收集工具

通过内置的反馈收集工具或第三方平台，收集用户的意见、建议和问题报告，形成全面的反馈数据。

2. 用户调研

定期进行用户调研，通过问卷调查、深度访谈等方式了解用户的需求、期望和痛点，为产品改进提供直接的用户反馈。

3. 迭代更新

根据用户反馈的问题和建议，进行迭代更新。及时修复 bug，改进不合理的设计，新增用户期望功能，保持应用的持续改进。

4. A/B 测试

通过 A/B 测试，比较不同版本在用户体验方面的差异。根据测试结果选择最优方案，优化用户体验。

5. 用户教育与培训

根据用户反馈的问题，提供相应的用户教育与培训，帮助用户更好地理解应用的功能和操作方法，提高用户的满意度。

（五）用户体验的未来趋势

1. 智能化与个性化

未来用户体验将更加智能化和个性化。通过人工智能技术，应用能够更好地理解用户需求，提供个性化的服务和推荐。

2. 增强现实（AR）与虚拟现实（VR）

AR 和 VR 技术的应用将进一步丰富用户体验。通过 AR 技术，用户可以在现实世界中获取虚拟信息，而 VR 技术则提供更为沉浸式的体验。

3. 自然语言处理

随着自然语言处理技术的发展，用户与应用之间的交互将更加自然流畅。语音识别、语义理解等技术的应用将成为未来用户体验的重要方向。

4. 生物识别技术

生物识别技术，如人脸识别、指纹识别等将更广泛地应用于用户身份验证，提高应用的安全性和便捷性。

用户体验与反馈分析是移动应用开发和优化过程中不可或缺的环节。通过理解用户体验的重要性、影响因素以及用户反馈的种类与意义，开发者可以更有针对性地改进应用，提升用户的满意度和忠诚度。不断收集和分析用户反馈数据，结合用户调研和迭代更新，可以使应用不断适应用户需求，保持竞争力。未来，随着技术的不断创新，智能化、增强现实等新技术的应用将进一步推动用户体验的发展，为用户提供更为出色的移动应用体验。

五、移动应用与社交媒体的整合策略

在数字化时代，移动应用和社交媒体已成为人们日常生活中不可或缺的一部分。移动应用通过提供各种服务和功能，满足用户的多样化需求；而社交媒体则成为人们分享信息、建立社交网络的重要平台。将移动应用与社交媒体有机整合，不仅能够拓展应用的用户群体，还能提高用户的参与度和留存率。本书将探讨移动应用与社交媒体的整合策略，包括整合的意义、关键整合点、成功案例分析以及未来趋势展望。

（一）整合的意义

1. 拓展用户基础

通过与社交媒体整合，移动应用能够借助社交平台庞大的用户基础，迅速拓展自己的用户群体。社交媒体作为信息传播的重要渠道，能够帮助应用快速传播，吸引更多用户使用。

2. 提高用户参与度

社交媒体具有强大的社交互动性，整合后的移动应用可以通过社交分享、评论等功能，激发用户参与度。用户在社交媒体上的活动与移动应用的整合，使得用户更容易产生互动，增加使用频率。

3. 强化品牌形象

整合社交媒体能够帮助移动应用建立更强大的品牌形象。通过在社交媒体上展示应用的特色、用户反馈、活动等，增强用户对应用的认知和信任感，从而提高品牌价值。

4. 提升市场竞争力

社交媒体是竞争激烈的市场，整合社交媒体是提升移动应用市场竞争力的有效途径。通过社交平台的传播，应用可以更好地与竞争对手区分开来，吸引更多用户选择和推荐。

（二）关键整合点

1. 社交登录与分享功能

（1）社交登录

通过社交登录，用户可以使用社交媒体账号直接登录移动应用，避免繁琐的注册流程，提高用户体验。同时，社交登录也让应用能够获取用户在社交媒体上的基本信息，为个性化服务提供依据。

（2）分享功能

整合社交分享功能，使用户可以方便地分享应用中的内容、活动或成就到社交媒体平台，扩大应用的影响范围。分享功能的引入还能够带动用户间的口碑传播，增加新用户的获取渠道。

2. 社交互动与评论

（1）社交互动

在应用中引入社交互动功能，如好友系统、社区板块等，让用户在应用内建立社交关系，增强用户粘性。通过社交互动，用户更容易形成共同体验，提高用户满意度。

（2）评论功能

为应用添加评论功能，让用户能够在应用内直接发表对内容的看法。这不仅能够促进用户之间的交流，还为其他用户提供了有用的参考信息，增强了社交性和信息共享性。

3. 数据同步与个性化推荐

（1）数据同步

整合社交媒体，使得用户在不同平台上的数据能够同步。比如，用户在应用中的成就、活动记录能够同步至社交媒体，提升用户在社交媒体上的活跃度。

（2）个性化推荐

通过分析用户在社交媒体上的行为，了解用户的兴趣爱好、社交圈子等信息，为用户提供个性化的推荐服务。这能够增加用户对应用的粘性，提高用户满意度。

（三）未来趋势展望

1. 虚拟社交体验

未来，移动应用与社交媒体的整合将更加注重虚拟社交体验。虚拟现实（VR）和增强现实（AR）技术的发展将为用户提供更真实、沉浸式的社交体验，例如通过虚拟聚会、共享虚拟空间等方式，使用户之间的社交更具深度和趣味性。

2. 社交电商整合

社交媒体和电商的融合已经成为趋势，未来移动应用与社交媒体的整合将更加强调社交电商的元素。应用可以通过社交媒体平台推动产品推广、购物活动，并整合社交支付、社交分享等功能，提升用户的购物体验和社交参与度。

3. 区块链技术整合

区块链技术的应用将为移动应用与社交媒体的整合提供更多可能性。区块链的去中心化和安全性特点可以用于社交媒体账号的验证、数字内容的版权保护，为用户提供更加安全、透明的社交环境。

4.数据隐私与安全

在未来整合策略中，数据隐私与安全将更受关注。随着用户对个人数据隐私的重视，移动应用需要更加注重保护用户数据，明确数据使用政策，提升用户对整合策略的信任感。

（四）整合实施的挑战与应对策略

1.隐私问题

整合社交媒体涉及用户隐私信息，如何在保障用户隐私的前提下实现整合是一个挑战。应用开发者需要遵循相关法规，明确数据收集和使用的范围，提供清晰的隐私政策。

2.技术兼容性

不同社交媒体平台和移动应用可能使用不同的技术架构，整合时可能面临技术兼容性的问题。解决这一挑战需要应用开发者具备多平台开发技能，或借助中间件进行整合。

3.用户体验一致性

整合后，用户在应用和社交媒体之间切换，需要保持一致的用户体验，以避免使用户感到困扰。应用开发者需要精心设计整合的交互流程，确保用户切换的流畅性和自然性。

4.平台政策限制

不同社交媒体平台有各自的政策和限制，这些政策和限制可能对整合策略产生影响。应用开发者需要深入了解各平台的政策，确保整合策略的合规性。

移动应用与社交媒体的整合不仅为应用开发者提供了更广阔的用户获取途径，也丰富了用户的社交体验。通过社交媒体整合，应用能够更好地满足用户的社交需求，提高用户的参与度和满意度。未来，随着虚拟社交体验、社交电商、区块链技术的发展，整合策略将更加多样和创新。应用开发者在整合过程中需要充分考虑用户隐私和安全，解决技术兼容性和一致性问题，以及遵循各平台的政策,以确保整合的顺利实施。整合策略的成功实施将为应用带来更多的用户和商业价值,推动移动应用与社交媒体的良性互动。

第三节 虚拟现实与增强现实技术在读者服务中的实践

一、虚拟图书馆与实体馆藏的关联与拓展

随着信息技术的飞速发展,虚拟图书馆的出现为图书馆服务模式带来了新的变革。虚拟图书馆作为数字化时代图书馆的一种延伸形式,以数字化的方式存储、管理和提供图书馆资源。与此同时,传统的实体图书馆依然承载着丰富的实物馆藏和文化传承的功能。本书将深入探讨虚拟图书馆与实体馆藏的关联与拓展,包括两者之间的联系、优势互补、面临的挑战,以及如何实现更好的整合。

(一)虚拟图书馆与实体馆藏的联系

1. 共享资源

虚拟图书馆和实体馆藏之间最直接的联系在于共享资源。虚拟图书馆通过数字化手段存储和展示图书馆的数字资源,包括电子书、学术期刊、数据库等。这些数字资源可以为实体馆藏提供补充,使用户能够更全面地获取所需信息。

2. 检索与导航

虚拟图书馆提供了强大的检索与导航功能,用户可以通过搜索关键词、主题等方式快速找到所需的信息。这种检索与导航的便利性也可以为实体馆藏提供支持,帮助用户更有效地在实体图书馆中定位所需资源。

3. 数字化馆藏管理

虚拟图书馆的数字化馆藏管理系统可以为实体图书馆提供更高效的管理手段。通过数字化管理,实体馆藏的信息可以更方便地录入、更新和查询,提高了馆藏管理的效率。

（二）优势互补

1. 资源多样性

实体图书馆和虚拟图书馆的资源形式各异。实体馆藏包括纸质图书、期刊、音像资料等实物形式的资源，而虚拟图书馆则集中展示数字资源。两者的优势互补，实体图书馆提供了触手可及的实物资源，而虚拟图书馆提供了数字资源的广泛获取途径。

2. 服务时效性

虚拟图书馆由于数字化特性，能够实现资源的实时更新和即时访问。这为用户提供了更具时效性的服务。相比之下，实体图书馆的馆藏更新相对较慢，但实体馆藏的存在为用户提供了更加深度的阅读体验。

3. 空间利用效率

虚拟图书馆节省了大量的物理空间，无需大规模的书架和存储空间，更适应数字时代信息爆炸的特点。而实体图书馆通过提供阅览区、学习区等实体空间，创造了具体的学习和研究环境，促进了社交和学术交流。

（三）面临的挑战

1. 资源整合

虚拟图书馆与实体馆藏的资源整合面临着多方面的挑战。数字资源与实物资源的差异使得资源整合并不是一件轻松的任务，需要建立统一的资源标准和管理体系。

2. 技术标准

虚拟图书馆和实体图书馆在技术标准上存在差异，例如数字化馆藏的元数据标准、检索系统的互通性等。需要在技术上找到一致的标准，以确保两者能够顺利协同工作。

3. 数字鸿沟

一些地区的数字鸿沟可能导致用户无法充分利用虚拟图书馆的资源。对于一些偏远地区或发展中国家的用户来说，虚拟图书馆的数字资源可能无法被广泛利用，这会对整合带来一定的限制。

（四）实现更好整合的途径

1. 制定统一标准

建立统一的资源管理标准，包括元数据标准、分类标准等，以确保虚拟图书馆和实体馆藏的资源能够有机整合。这需要图书馆界、数字图书馆专业人士以及相关标准化组织的合作。

2. 推动数字化转型

推动实体图书馆进行数字化转型，采用数字化技术管理馆藏、提供数字服务。这可以通过建设数字化馆藏、建设数字化服务平台等方式实现。数字化的实体馆藏更有可能与虚拟图书馆实现有机整合。

3. 提升数字素养

加强用户和图书馆从业人员的数字素养培训，使其能更好地适应数字时代的图书馆服务模式。用户需要了解如何更好地利用虚拟图书馆，而图书馆从业人员需要具备数字资源管理和服务的专业技能，以更好地推动虚拟图书馆与实体馆藏的整合。

4. 制定合理政策

在整合虚拟图书馆和实体馆藏的过程中，需要建立合理的政策框架，明确资源共享、数字化推进、服务标准等方面的原则和规范。政策的制定应该兼顾数字化和实体图书馆的特点，使二者更好地协同工作。

5. 加强国际合作

由于图书馆服务的国际性质，国际合作也是实现虚拟图书馆与实体馆藏整合的关键。国际图书馆组织可以促成国际资源共享和技术标准的制定，推动全球范围内的虚拟图书馆与实体馆藏的互通互用。

（五）未来发展方向

1. 强化数字化技术

随着数字化技术的不断发展，虚拟图书馆将更加强调数字化的特点，包括增强现实（AR）、虚拟现实（VR）等技术的应用，以提供更为丰富、直观的数字阅读体验。

2. 智能化服务

未来虚拟图书馆有望引入更多智能化服务,包括人工智能(AI)技术的应用,为用户提供更个性化、精准的信息推荐和服务。这将加强用户与虚拟图书馆的互动,提升用户体验。

3. 社交化阅读体验

未来的虚拟图书馆有望融合社交元素,使得用户在虚拟空间中能够进行更多的社交互动,分享阅读心得、参与讨论,增强阅读的社交性和趣味性。

4. 跨领域整合

虚拟图书馆与实体馆藏的整合将不仅限于图书资源,还有望涉及到其他领域的资源,如文化遗产、学术研究数据等。这将推动图书馆服务向更广泛的知识领域拓展。

虚拟图书馆与实体馆藏的关联与拓展是图书馆服务模式不断演变的必然趋势。通过共享资源、优势互补,虚拟图书馆和实体馆藏相互支持,为用户提供更为全面和便捷的服务。然而,实现二者的有机整合仍面临着一系列挑战,包括资源整合、技术标准、数字鸿沟等问题。通过制定统一标准、推动数字化转型、加强国际合作等途径,可以更好地促进虚拟图书馆与实体馆藏的整合。未来,随着数字化技术的进一步发展和智能化服务的推进,虚拟图书馆与实体馆藏的整合将更加紧密,为用户提供更为丰富和个性化的图书馆服务。

二、虚拟导览系统与阅读体验的创新

随着科技的不断进步,虚拟导览系统在图书馆、博物馆、展览等场所得到了广泛的应用。这一技术的创新不仅为参观者提供了更丰富、互动性强的导览体验,同时也在图书馆中得到了推广,用以拓展阅读体验。本书将深入探讨虚拟导览系统在图书馆中的创新应用,以及如何通过这一技术提升阅读体验,使阅读不再局限于传统的书籍和纸质资料。

(一)虚拟导览系统在图书馆中的创新应用

1. 虚拟导览系统概述

虚拟导览系统是一种利用虚拟现实(VR)或增强现实(AR)技术的导览系统,

其通过数字化手段将导览信息与实际场景相结合，为用户提供更为生动、直观的导览体验。在图书馆中，虚拟导览系统可以应用于引导读者寻找馆内资源、了解馆内布局、深入了解特定主题等方面。

2. 虚拟导览系统的优势

个性化导览：虚拟导览系统可以根据用户的兴趣、需求提供个性化的导览服务，使每位用户都能够根据自己的偏好选择浏览的内容。

互动性体验：用户可以通过虚拟导览系统与导览内容进行互动，如点击获取详细信息、参与小游戏等，使导览过程更加有趣。

实时更新：虚拟导览系统可以通过云端技术实时更新导览内容，确保用户获取的信息是最新的，以适应图书馆布局、展览变化等。

（二）虚拟导览系统在图书馆中的具体应用

1. 馆内资源导览

虚拟导览系统可以帮助用户更快速、方便地找到馆内所需的资源。通过 AR 技术，用户在手机或 AR 眼镜上可以看到实时的导航信息，引导他们前往所需书架、阅览区域，提高资源检索的效率。

2. 主题展览引导

在图书馆进行主题展览时，虚拟导览系统可以为用户提供更深入的参观体验。用户通过 AR 应用可以看到展览品的虚拟信息、相关解说和背景资料，使展览更加生动有趣，增加了互动性。

3. 虚拟图书馆参观

通过虚拟导览系统，用户可以体验虚拟图书馆的导览，仿佛置身于一个数字化的图书馆空间。这不仅扩展了用户对图书馆空间的认知，还能够在虚拟环境中提供图书馆的历史、建筑特色等相关信息。

4. 文化历史解说

对于一些具有历史文化价值的图书馆建筑，虚拟导览系统可以为用户提供文化历史的解说。通过 AR 技术，用户在实际场景中看到的建筑可以叠加虚拟的历史场景，从而了解建筑的来龙去脉，增强参观的文化深度。

（三）虚拟导览系统在阅读体验中的创新

1. 虚拟图书馆阅读空间

通过虚拟导览系统，图书馆可以为用户创造虚拟的阅读空间。用户可以通过 AR 应用选择虚拟的书架、座位，仿佛置身于一个安静、舒适的阅读环境中，尽管物理上并未在实际图书馆内。这种虚拟阅读空间可以根据用户的喜好定制，提供个性化的阅读体验，使阅读不再受限于实际的物理空间。

2. 互动式阅读体验

虚拟导览系统的互动性使得阅读体验更为生动。通过 AR 技术，读者可以与图书、文献产生互动，例如点击图书封面获取相关信息、与文献中的虚拟内容进行互动等。这样的互动式阅读体验激发了读者的好奇心和参与度。

3. 虚拟图书展示

借助虚拟导览系统，图书馆可以开展虚拟图书展示。读者通过 AR 应用可以在实际场景中看到虚拟的书籍、文献，点击即可获取相关信息。这种虚拟图书展示不仅节省了展示空间，还为读者提供了更丰富的图书展示形式。

4. 虚拟作家讲座

通过虚拟导览系统，图书馆可以邀请作家进行虚拟讲座。读者通过 AR 应用可以在实际场景中看到虚拟的作家形象，聆听其讲解、分享，实现与作家的虚拟互动。这种创新形式为读者提供了更多参与作家活动的机会。

5. 虚拟写作工作坊

图书馆可以通过虚拟导览系统举办虚拟写作工作坊。在虚拟环境中，作家、写作导师可以与参与者互动，进行写作指导、分享经验。读者通过 AR 应用可以参与到虚拟写作工作坊中，享受专业的写作辅导。

（四）挑战与展望

1. 挑战

技术成本：虚拟导览系统的实施需要投入相应的技术设备和软件开发，对一些资源有限的图书馆而言可能存在一定的经济压力。

用户接受度：一些用户可能对新技术的接受度较低，需要一定的时间来适应和接受虚拟导览系统，尤其是对于年长者或技术不熟悉者而言。

2. 展望

技术创新：随着技术的不断发展，虚拟导览系统将迎来更多创新，如更先进的 AR 技术、更智能的导览系统等，为阅读体验提供更多可能性。

跨机构合作：图书馆可以与科技公司、创意团队等合作，共同推动虚拟导览系统的发展。跨机构合作能够整合资源，提高技术水平和创新力。

用户培训：图书馆可以通过举办培训课程、讲座等方式，提高用户对虚拟导览系统的认知和使用能力，增加用户的参与度。

虚拟导览系统作为一项创新技术，为图书馆带来了新的发展机遇。通过在图书馆中应用，虚拟导览系统不仅提升了用户在图书馆的导览体验，还为阅读体验注入了新的元素。通过创造虚拟阅读空间、互动式阅读体验、虚拟图书展示等方式，虚拟导览系统为图书馆提供了更多展示和服务的可能性。虽然在应用中面临一些挑战，但随着技术的不断发展和用户认知的提升，虚拟导览系统有望成为图书馆发展的重要推动力，为读者提供更为丰富、个性化的阅读体验。

三、虚拟社群对读者交流与合作的促进

随着信息技术的飞速发展，虚拟社群逐渐成为读者进行交流与合作的重要平台。虚拟社群是通过网络平台建立起来的社交网络，为读者提供了一个可以迅速分享观点、交流心得、合作学术研究的虚拟空间。本书将探讨虚拟社群在促进读者之间的交流与合作方面的作用，包括社群的定义、特点，以及在阅读、学术研究等方面的应用。

（一）虚拟社群的定义与特点

1. 虚拟社群的定义

虚拟社群是指通过互联网或在线平台形成的，基于共同兴趣、目标或活动的群体。它通过电子设备和网络连接成员，使其能够迅速、高效地进行沟通、协作和信息共享。虚拟社群的形成可以基于各种需求，包括但不限于兴趣爱好、学术研究、行业交流等。

2. 虚拟社群的特点

全球性：虚拟社群不受地理位置的限制，可以吸引来自世界各地的成员。这使得社群中的交流更具多样性和国际化。

即时性：通过互联网的即时通信工具，虚拟社群成员可以实时交流，快速分享信息，形成高效的互动。

多媒体性：虚拟社群支持多种多媒体形式的信息共享，包括文字、图片、音频、视频等，丰富了交流内容的表达形式。

多元化：虚拟社群可以基于各种主题和目标形成，包括学术研究、文学创作、技术交流等，可以满足不同领域读者的需求。

（二）虚拟社群在阅读领域的促进作用

1. 书评与推荐

虚拟社群为读者提供了一个分享书评和图书推荐的平台。在社群中，读者可以分享自己的阅读感受、评价，也可以获取他人的推荐和建议。这种开放的交流模式有助于读者发现新书、拓展阅读领域。

2. 读书会与活动

虚拟社群可以组织在线的读书会、文学讨论活动。通过在线平台，成员可以共同选择一本书籍，定期进行线上讨论，分享彼此的理解与见解。这种形式不仅促进了读者之间的交流，也营造了一种共读的社群氛围。

3. 资源共享与借阅

在虚拟社群中，读者可以共享个人书单、图书馆藏书、电子书等资源信息。这种资源共享有助于满足读者对特定书籍的需求，减少了信息不对称，提高了阅读效率。

4. 文学创作交流

对于喜欢文学创作的读者，虚拟社群提供了一个交流创作经验、分享作品的平台。成员可以相互评价、提供建议，促使彼此在文学创作上不断进步。

（三）虚拟社群在学术研究中的促进作用

1. 学术讨论与解惑

学术领域的虚拟社群为研究者提供了一个方便的交流平台。研究者可以在社群中进行学术讨论，解答疑惑，分享最新的研究成果。这种即时性的学术交流有助于迅速解决问题、获得反馈。

2. 合作研究与项目组建

虚拟社群为研究者提供了寻找合作伙伴、建立研究项目组的机会。研究者可以通过社群了解其他领域的专业知识，发起合作研究项目，形成跨学科的研究团队。这种跨界合作有助于拓展研究的深度和广度。

3. 学术资源共享

在虚拟社群中，研究者可以分享学术资源，包括研究论文、数据集、实验方法等。这种资源共享有助于避免重复劳动，提高研究效率，同时也促进了学术合作与交流。

4. 学术会议与讲座

虚拟社群为学术会议和讲座提供了在线的举办平台。研究者可以通过虚拟社群参与学术讲座、研讨会，分享自己的研究成果，与国际同行进行学术交流。这种形式使学术活动更具包容性和全球性。

（四）虚拟社群的优势与挑战

1. 优势

即时互动：虚拟社群通过即时通讯和在线讨论板块，使成员能够随时随地进行互动，加强交流。

全球范围：虚拟社群能够吸引来自全球不同地区的成员，促进国际性的交流与合作。

多元内容：社群中的成员来自不同领域，他们带来丰富多样的观点和经验，有助于拓展视野。

资源共享：在虚拟社群中，成员可以共享丰富的资源，包括书籍、论文、工具等，提高学术研究与阅读效率。

2. 挑战

信息安全：在虚拟社群中，个人信息和敏感数据的安全性成为一项挑战，需要加强隐私保护措施。

交流质量：虽然虚拟社群提供了便捷的交流平台，但由于无法面对面交流，有时会受到沟通效果降低的影响。

信息真实性：在虚拟社群中，信息的真实性和可信度需要谨慎对待，存在虚假信息传播的风险。

（五）未来展望

1. 技术创新

随着技术的不断创新，虚拟社群的功能将更加强大。例如，利用人工智能技术提高社群中内容的个性化推送，提供更智能化的交流和合作体验。

2. 跨学科合作

未来，虚拟社群将更加强调跨学科的合作。各个领域的研究者和读者将更加积极地参与到不同领域的虚拟社群中，促进知识的跨界传播与整合。

3. 社群治理与规范

随着虚拟社群的发展，社群的治理与规范也将成为关注的焦点。建立更加完善的社群管理机制，确保信息安全、成员权益等方面的合理权衡，是未来的发展方向之一。

4. 教育与培训

为了更好地发挥虚拟社群的作用，未来可能会有更多的教育与培训计划。包括培训成员更好地利用社群平台，提高信息素养，加强学术交流与合作的能力。

虚拟社群作为促进读者交流与合作的平台，已经在阅读、学术研究等领域展现出巨大的潜力。通过即时互动、全球范围、多元内容和资源共享等特点，虚拟社群为读者提供了一个更加便捷、开放、多元的社交与合作空间。在未来，随着技术的不断创新和社会的发展，虚拟社群将更加融入到人们的学术和阅读生活中，为知识传播和创新合作提供更多可能性。

四、技术更新对馆员培训需求的影响

在数字化时代，图书馆作为知识管理和传播的中心，面临着快速变革的挑战。技术的不断更新和发展对馆员的工作提出了新的要求，因此，馆员培训成为确保图书馆正常运作和适应新技术的关键环节。本书将探讨技术更新对馆员培训需求的影响，包括对培训内容、培训方式、馆员素养等方面的影响，并提出应对挑战的策略。

（一）技术更新对馆员培训内容的影响

1. 新技术的引入

随着信息技术的迅速发展，新的技术工具和平台不断涌现，如人工智能、大数据分析、区块链等。这些新技术的引入对馆员的工作提出了新的要求，因此，培训内容需要及时更新，以确保馆员能够熟练掌握和应用这些新技术。

2. 数据管理与数字化服务

数字化图书馆的建设和管理需要馆员具备数据管理和数字化服务的能力。培训内容应涵盖数字资源的采集、存储、处理、分享和保护等方面的知识，以适应数字时代图书馆的发展需求。

3. 用户体验与社交媒体

随着用户需求的变化，馆员需要关注用户体验和社交媒体的运用。培训内容应包括用户研究、界面设计、社交媒体运营等方面的知识，以提升图书馆服务的质量和可及性。

（二）技术更新对馆员培训方式的影响

1. 在线培训与自主学习

传统的面对面的培训方式可能无法满足馆员的快速学习需求，因此，引入在线培训和自主学习成为趋势。通过在线课程、网络研讨会和自学平台，馆员可以更灵活地选择学习时间和地点，提高学习效率。

2. 虚拟现实与模拟培训

使用虚拟现实技术进行模拟培训是一种创新的方式。通过虚拟环境，馆员可以模拟真实的工作场景，提高实际操作的技能。这种培训方式可以使馆员更加直观地理解和应用新技术。

3. 社交化学习和协作

技术的发展促使了社交化学习和协作工具的兴起。利用在线社交平台、团队协作工具，馆员可以分享经验、互助学习，形成学习社群，提高学习动力和效果。

（三）技术更新对馆员素养的影响

1. 技术素养的提升

新技术的引入对馆员的技术素养提出更高的要求。除了基本的计算机操作能力，馆员需要掌握新技术的使用和应用，需要具备解决技术问题的能力，以更好地适应工作环境的变化。

2. 创新与问题解决能力

技术更新要求馆员具备创新和问题解决的能力。培训内容应注重培养馆员的创新思维，使其能够灵活运用知识解决实际工作中的问题，推动图书馆服务和管理的创新发展。

3. 学习和适应能力

由于技术的不断变革，馆员需要具备较强的学习和适应能力。培训应注重培养馆员主动学习的习惯，使其能够不断学习新知识，适应技术更新的要求。

（四）应对挑战的策略

1. 设立定期培训计划

建立定期的培训计划，确保馆员能够及时了解和掌握新技术、新知识。培训内容应与图书馆的发展方向和需求相匹配，以提高馆员的专业水平。

2. 引入新型培训工具

利用新型的培训工具，如在线学习平台、虚拟现实技术等，提高培训的灵活性和趣味性。这有助于激发馆员学习的积极性，提高学习效果。

3. 建立知识分享机制

建立馆员之间的知识分享机制，通过社交化学习和协作工具，促进馆员之间的交流与合作。这有助于形成学习共同体，推动团队整体素养的提升。

4. 鼓励创新实践

鼓励馆员参与创新实践，提供创新项目的支持和激励机制。这可以通过设立创新奖励、鼓励团队合作等方式来推动馆员积极参与创新实践，培养其解决实际问题的能力。

5. 提供个性化培训

考虑到馆员的不同需求和学习风格，提供个性化的培训计划。这可以通过使用定制化的培训内容、灵活的学习路径以及针对个体差异的指导来实现。个性化培训有助于提高培训的效果，让馆员更好地适应技术的更新。

6. 建立跨部门合作机制

技术更新通常涉及多个部门和团队之间的协作，建立跨部门合作机制是应对挑战的关键。通过团队间的知识共享和协同工作，馆员能够更好地理解并适应新技术，提高整体的素养水平。

7. 持续评估与反馈

建立持续的培训评估机制，收集馆员的培训反馈和学习成果。这有助于及时发现培训中存在的问题，并调整培训计划，确保培训的有效性和适应性。

技术更新对馆员的培训需求提出了新的挑战，但同时也为馆员提供了更多发展的机遇。馆员在适应新技术的过程中，需要具备不断学习的精神、创新解决问题的能力以及与团队合作的意识。通过建立定期培训计划、引入新型培训工具、建立知识分享机制等策略，可以有效提高馆员的素养水平，使其更好地适应技术更新的要求。馆员的培训不仅关系到个体的职业发展，也关系到整个图书馆的创新与发展，因此，应当重视并持续改进培训机制，确保图书馆在数字化时代充分发挥其作用。在未来，随着技术的不断发展，馆员培训将面临更多的新问题和挑战，需要不断探索和创新培训模式，以适应图书馆服务的不断变化。

第三章　高校图书馆个性化读者服务模式

第一节　个性化阅读推荐系统

一、阅读历史与个性化推荐算法

在数字化时代，随着信息量的爆炸性增长，阅读已经不再局限于传统的纸质书籍，而是涵盖了电子书、在线文章、博客等多种形式。为了更好地满足读者的需求，个性化推荐算法应运而生。这种算法通过分析用户的阅读历史、兴趣和行为，为其推荐更符合个性化需求的内容。本书将深入探讨阅读历史与个性化推荐算法的关系，分析其原理、优势、挑战以及未来的发展趋势。

（一）个性化推荐算法概述

1. 个性化推荐的定义

个性化推荐是一种利用用户的个体差异为其提供定制化服务的方法。在阅读领域，个性化推荐算法通过分析用户的阅读行为、喜好和历史记录，从大量的内容中筛选出对用户最有价值的信息，以提高阅读体验。

2. 个性化推荐的原理

个性化推荐算法的原理主要包括协同过滤、内容过滤和混合推荐等多种方法。

协同过滤：基于用户的历史行为和兴趣，寻找与其相似的用户，然后推荐这些相似用户喜欢的内容。

内容过滤：分析用户的历史阅读内容，挖掘其中的特征，然后根据这些特征为用户推荐相似的内容。

混合推荐：将协同过滤和内容过滤等多种方法结合起来，以弥补各自方法的不足，提高推荐的准确性。

（二）阅读历史对个性化推荐的影响

1. 用户兴趣模型的建立

通过分析用户的阅读历史，推荐算法可以建立用户的兴趣模型。这个模型包括用户感兴趣的主题、领域、作者等信息，为个性化推荐提供了基础。

2. 行为预测与优化

阅读历史中蕴含着丰富的用户行为信息，包括点击、浏览时间、收藏等。个性化推荐算法可以分析这些行为，预测用户未来可能感兴趣的内容，并通过不断优化推荐结果提高用户满意度。

3. 用户群体划分与定位

阅读历史也可以帮助系统对用户进行群体划分和定位。通过了解用户的阅读偏好，系统可以将用户划分为不同的群体，为每个群体提供更符合其兴趣的推荐内容。

（三）个性化推荐算法的优势

1. 提高用户满意度

个性化推荐算法能够根据用户的个体差异为其提供更符合用户兴趣和需求的内容，从而提高用户的满意度和使用体验。

2. 丰富内容发现

通过分析用户的阅读历史，推荐算法能够帮助用户发现更多潜在的感兴趣的内容，拓展用户的阅读领域，使其接触到更多多样化的信息。

3. 促进用户留存

个性化推荐不仅能够提高用户的满意度，还能够增加用户的粘性。通过不断优化推荐结果，满足用户多样化的阅读需求，促使用户长期使用平台。

（四）个性化推荐算法的挑战

1. 冷启动问题

当用户新加入系统时，其阅读历史较少，导致推荐算法面临冷启动问题。此时，如何准确捕捉用户兴趣成为一项挑战。

2. 用户隐私问题

个性化推荐需要分析用户的阅读历史和行为，这引发了用户对隐私的担忧。

算法设计需要在提供个性化服务的同时，保护用户的隐私权。

3. 推荐的多样性

有些个性化推荐算法容易使用户陷入信息过滤的"信息茧房"，只推荐用户已有兴趣的内容，而忽略了推荐一些不同但可能有趣的领域，导致信息过于狭窄。

（五）未来发展趋势

1. 融合多模态信息

未来的个性化推荐算法可能会更加注重融合多模态信息，包括文字、图像、音频等，以更全面地了解用户的兴趣。

2. 引入深度学习技术

随着深度学习技术的不断发展，未来个性化推荐算法可能会更多地利用深度学习模型，提高推荐的准确性和效果。

3. 解决冷启动问题

未来的研究方向之一可能包括更有效地解决冷启动问题。这可以通过引入基于领域知识的推荐方法、利用用户其他社交平台的信息以及采用增强学习等先进技术来应对。

4. 强调用户主动参与

未来的个性化推荐算法可能会更加强调用户的主动参与。这包括用户能够自定义推荐策略、设置个人偏好、给予反馈等，使用户更加参与到推荐过程中，提高推荐的个性化程度。

5. 多源信息融合

未来的个性化推荐算法可能会更多地融合来自不同源头的信息，例如用户的社交网络行为、在线购物历史、地理位置等，以全方位了解用户的兴趣和需求，提供更全面的推荐服务。

阅读历史作为用户行为的记录，对个性化推荐算法起着关键的作用。通过分析阅读历史，推荐系统能够更精准地了解用户的兴趣，提供更符合个性化需求的阅读内容，提高用户满意度和平台粘性。然而，个性化推荐算法也面临一系列挑战，如冷启动问题、用户隐私问题等，需要不断地用技术创新来解决。

未来，随着技术的不断发展，个性化推荐算法将更加智能化、多样化，并更加注重用户体验。通过融合多模态信息、引入深度学习技术、解决冷启动问题等方向的研究，个性化推荐算法将更好地满足用户的个性化需求，推动阅读体验的进一步提升。同时，随着用户对个性化推荐需求的不断提高，算法的透明性和用户参与度也将成为未来研究和发展的重要方向。综合来看，阅读历史与个性化推荐算法的关系将在未来的数字化时代持续发展，为用户提供更丰富、个性化的阅读体验。

二、用户兴趣模型的构建与更新

在信息爆炸的数字时代，用户面临着海量的信息选择，为了更好地提供个性化服务，构建和更新用户兴趣模型成为推荐系统中的核心任务之一。用户兴趣模型是对用户兴趣、偏好和行为的抽象和表示，通过分析用户的阅读历史、搜索记录、点击行为等，推荐系统可以构建用户的兴趣模型，并通过不断更新来适应用户的变化兴趣。本书将深入探讨用户兴趣模型的构建与更新过程，涵盖其定义、构建方法、更新策略以及面临的挑战与未来发展趋势。

（一）用户兴趣模型的定义

用户兴趣模型是对用户个体的兴趣、需求和偏好进行抽象和表示的模型。它是推荐系统的核心组成部分，通过分析用户的多种行为和反馈，将用户的兴趣映射为特定的主题、领域或关键词，以实现更精准的个性化推荐。用户兴趣模型可以包括静态兴趣和动态兴趣两个方面，静态兴趣表示用户长期稳定的兴趣爱好，而动态兴趣则反映用户在不同时间段内的兴趣变化。

（二）用户兴趣模型的构建方法

1. 基于内容的构建方法

基于内容的构建方法通过分析用户对已阅读内容的偏好，提取关键词、主题等信息，构建用户的兴趣模型。这种方法的优势在于能够较好地解决冷启动问题，但缺点是可能无法捕捉用户潜在的兴趣。

2. 协同过滤的构建方法

协同过滤是一种通过分析用户与其他相似用户的行为来构建用户兴趣模型的方

法。它可以分为基于用户的协同过滤和基于物品的协同过滤。基于用户的方法寻找与目标用户行为相似的其他用户，而基于物品的方法则寻找与目标物品相似的其他物品。协同过滤的优势在于可以发现用户潜在的兴趣，但需要大量的用户行为数据。

3. 深度学习的构建方法

近年来，深度学习技术在用户兴趣模型的构建中表现出色。通过使用深度神经网络，系统可以学习到更复杂、抽象的用户兴趣表示。深度学习方法能够处理大规模、高维度的用户行为数据，对于挖掘用户潜在的兴趣具有良好的效果。

（三）用户兴趣模型的更新策略

1. 基于行为的更新策略

基于行为的更新策略通过分析用户的实时行为，如点击、浏览、收藏等，及时更新用户兴趣模型。这种策略的优势在于能够较好地捕捉用户短期内的兴趣变化，但可能受到用户行为的噪音和短时行为的影响。

2. 基于反馈的更新策略

基于反馈的更新策略依赖用户的明示或隐示反馈信息，如用户的评分、喜欢、分享等。通过分析用户的反馈，系统可以更准确地了解用户的满意度和兴趣变化，从而更新兴趣模型。

3. 基于时间的更新策略

基于时间的更新策略考虑到用户兴趣随时间的变化。通过分析用户在不同时间段内的行为，系统可以发现用户兴趣的季节性或周期性的变化，从而调整兴趣模型。

（四）用户兴趣模型构建与更新面临的挑战

1. 冷启动问题

冷启动问题是指在用户刚加入系统或用户的行为数据较少时，系统难以准确构建用户兴趣模型。这需要系统采取一些创新性的方法，如基于用户注册信息的初始化、引导用户进行个性化设置等。

2. 数据稀疏性

在大规模的用户行为数据中，用户对大多数物品的行为都是稀疏的，这导致了协同过滤等方法中的数据稀疏性问题。如何解决数据稀疏性，提高模型的泛化能力是一个挑战。

3. 长尾问题

用户兴趣分布通常呈现长尾分布，即有一小部分物品是热门的，而大多数物品只有少量的用户感兴趣。这导致了在推荐系统中热门物品容易被推荐，而长尾物品容易被忽略的问题。如何更好地平衡热门物品和长尾物品的推荐是一个挑战。

4. 隐私保护

用户兴趣模型的构建涉及到用户个人隐私信息的收集和分析，因此隐私保护成为用户兴趣模型构建与更新过程中的一个重要挑战。用户担心个人信息被滥用或泄露，因此系统需要设计合适的隐私保护机制，如匿名化处理、数据加密、差分隐私等，以保障用户的隐私权。

5. 算法解释性

随着深度学习等复杂算法的应用，用户兴趣模型的构建变得更为复杂，而算法的解释性较差。用户可能难以理解系统为何做出某些推荐，这降低了用户对推荐系统的信任度。解决算法解释性问题，使用户能够理解和接受推荐结果，是一个需要解决的问题。

（五）未来发展趋势

1. 多模态信息融合

未来的用户兴趣模型可能更加注重融合多模态信息，包括文字、图像、音频等。通过利用多种信息来源，系统可以更全面地理解用户的兴趣，提高模型的准确性和覆盖范围。

2. 引入认知科学和心理学因素

未来的用户兴趣模型可能会引入更多的认知科学和心理学因素，考虑用户的认知过程、情感状态等。这将使模型更符合用户实际的认知和情感需求，提供更智能、人性化的推荐服务。

3. 强调用户主动参与

未来的发展趋势之一是强调用户的主动参与。系统可能会更加注重用户对个性化设置的参与,鼓励用户提供明示或隐示的反馈信息,以增强模型的更新效果。

4.面向更广泛领域的拓展

随着用户对数字化服务的需求不断拓展,未来的用户兴趣模型可能会涉及更广泛的领域,如健康、教育、职业发展等。推荐系统需要更好地适应不同领域的用户兴趣,提供更多元化的个性化服务。

5.增强用户体验和互动性

未来的用户兴趣模型可能会更注重提升用户的体验和互动性。推荐系统可以通过更智能的推荐算法、个性化的用户界面设计等方式,增强用户与系统的互动,提高用户满意度。

用户兴趣模型的构建与更新是推荐系统中的关键问题,直接关系到个性化推荐的准确性和用户体验。通过基于内容的方法、协同过滤、深度学习等多种技术手段,系统可以构建丰富而准确的用户兴趣模型。在不断更新用户模型的过程中,系统需要克服冷启动、数据稀疏、隐私保护等一系列挑战。未来,随着技术的发展,用户兴趣模型的建设与更新将更加智能、多元化,以更好地满足用户不断变化的需求。在这一发展过程中,保护用户隐私、提高算法解释性、强调用户主动参与等问题也将成为关注的焦点。综合而言,用户兴趣模型的构建与更新将在推荐系统的发展中持续发挥关键作用,推动个性化服务向更高水平发展。

三、推荐系统对阅读多样性的影响

在数字化时代,随着信息爆炸性增长,人们在获取信息和阅读方面面临着巨大的挑战。为了更好地满足用户个性化的需求,推荐系统应运而生。然而,推荐系统的使用是否对用户的阅读多样性产生影响,成为了一个备受关注的问题。本书将深入探讨推荐系统对阅读多样性的影响,包括其定义、影响机制、挑战以及未来发展趋势。

(一)阅读多样性的定义

阅读多样性是指用户在阅读过程中接触到的内容具有一定的丰富性和多样性。它涉及到多个方面,包括主题、领域、文体、观点等的多样性。一个拥有高阅读多样性的用户更容易接触到不同领域的知识,拓宽自己的视野,提高对信息的理解能力。

（二）推荐系统对阅读多样性的影响机制

1. 个性化推荐与过滤泡沫效应

个性化推荐系统通过分析用户的历史行为和兴趣，向用户推荐他们可能感兴趣的内容。然而，这种个性化推荐容易导致过滤泡沫效应，即用户更容易接触到与其已有兴趣相符的内容，而忽略了其他领域的信息。这一机制对阅读多样性产生负面影响。

2. 推荐算法的相似性偏好

推荐算法通常基于用户的历史行为和偏好，寻找与用户相似兴趣的其他用户，然后向目标用户推荐这些相似用户喜欢的内容。这种相似性偏好可能导致用户长期接触相似主题和领域的信息，从而降低阅读多样性。

3. 推荐系统的热门内容倾向

推荐系统往往倾向于推荐热门和热门内容，因为这些内容能够吸引更多用户的点击和关注。然而，这也容易使用户集中在相对热门的主题和领域，而忽略了一些小众但可能对其有价值的信息。

（三）推荐系统对阅读多样性的影响

1. 积极作用：提高信息获取效率

推荐系统通过分析用户兴趣，过滤掉用户不感兴趣的内容，提高了信息获取的效率。用户更容易找到符合自己兴趣的内容，节省了浏览大量信息的时间，有助于提高信息获取的效率。

2. 消极作用：导致信息过滤和狭隘化

然而，过于个性化的推荐容易使用户陷入信息过滤的"信息茧房"，只看到自己已有兴趣的内容，忽略了其他可能有趣的领域。这导致了用户的信息获取变得狭隘化，阅读多样性降低。

3. 平衡作用：推动用户跨领域阅读

一些先进的推荐系统在设计时会考虑平衡用户的个性化需求和推动用户跨领域阅读的目标。通过引入多样性推荐和新颖性推荐的机制，系统可以在满足用户兴趣的同时，引导用户尝试一些相对陌生但可能对其有益的内容，从而平衡推荐的个性化和多样化。

（四）推荐系统对阅读多样性的挑战

1. 过滤泡沫效应

过滤泡沫效应是推荐系统常见的问题之一，尤其是在个性化推荐中。用户容易被推荐与其历史行为相符的内容，而忽略其他领域的信息，导致信息过滤和狭隘化。

2. 推荐算法的局限性

推荐算法的相似性偏好容易使用户陷入信息的"舒适区"，只接触到与其过去行为相似的内容，而忽略了一些潜在有趣但相对陌生的信息。这限制了用户对新领域的探索。

3. 推荐系统的热门导向

推荐系统倾向于推荐热门和热门内容，这可能导致用户集中在少数热门领域，忽略了更多小众但有价值的信息。这使得用户难以获得更广泛的阅读体验。

（五）未来发展趋势

1. 引入多样性推荐和新颖性推荐

未来推荐系统可能更加注重引入多样性推荐和新颖性推荐的机制，以平衡个性化推荐和阅读多样性的关系。通过推荐用户一些相对陌生但可能有趣的内容，促使用户跨领域阅读，从而提高阅读多样性。这需要推荐系统在设计时充分考虑用户的兴趣覆盖范围，不仅关注用户已有兴趣，还关注用户潜在的兴趣。

2. 利用深度学习和自然语言处理技术

深度学习和自然语言处理技术在推荐系统中应用的不断发展，可以更好地捕捉用户的复杂兴趣和语境信息。未来的推荐系统可能会更多地利用这些技术，提高对用户需求的理解的精准度，从而更好地平衡个性化推荐和阅读多样性。

3. 强调用户参与和反馈

推荐系统未来的发展可能更加强调用户的主动参与和反馈。通过引导用户设置个性化偏好、提供对推荐结果的反馈，系统可以更好地了解用户的真实需求和兴趣变化，从而更灵活地调整推荐策略，促进阅读多样性。

4. 跨领域合作推荐

推荐系统可能更多地利用跨领域的合作推荐。通过与不同领域的推荐系统或信息服务平台进行合作,共享用户的兴趣和行为数据,推动用户在不同领域的阅读体验,从而提高阅读多样性。

5.强化算法解释性和透明度

未来的推荐系统可能更加强化算法的解释性和透明度。用户对于为何会得到某个推荐结果的理解,是提高用户信任度和接受度的关键因素。因此,系统可能会注重解释推荐算法的方式,帮助用户理解推荐过程,提高用户对推荐系统的信任感。

推荐系统对阅读多样性的影响是一个复杂且具有挑战性的问题。尽管推荐系统在提高信息获取效率、个性化服务方面发挥了积极作用,但也面临着过滤泡沫效应、相似性偏好、热门导向等问题,导致阅读多样性受到一定的制约。未来的发展趋势应注重平衡个性化推荐与阅读多样性之间的关系,引入多样性推荐和新颖性推荐的机制,利用深度学习和自然语言处理技术,强调用户参与和反馈,以及加强算法解释性和透明度。通过这些努力,推荐系统可以更好地满足用户的个性化需求,促进用户跨领域的阅读体验,提高阅读多样性。

四、个性化推荐系统的隐私保护与伦理考量

个性化推荐系统在数字化时代发挥着重要作用,其通过分析用户的行为、偏好和历史数据,提供个性化的信息、商品或服务推荐。然而,随着这些系统的普及和发展,隐私保护和伦理考量成为备受关注的议题。本书将深入探讨个性化推荐系统的隐私保护和伦理考量,包括隐私问题的现状、保护策略、伦理挑战以及未来的发展趋势。

(一)个性化推荐系统的隐私问题

1.用户行为数据的敏感性

个性化推荐系统依赖于用户行为数据的收集和分析,包括浏览历史、搜索记录、点击行为等。这些数据可能包含用户的敏感信息,如个人兴趣、健康状况、财务状况等,一旦泄露,将对用户造成潜在的隐私威胁。

2.数据共享与第三方风险

一些个性化推荐系统可能涉及多方合作或数据共享,这增加了数据被第三方

滥用或遭受攻击的风险。用户的个人信息可能被用于广告、市场调研等，而用户本人并不知情。

3. 推荐算法的黑箱问题

一些推荐算法采用深度学习等技术，其决策过程被视为黑箱，用户无法理解系统是如何得出某一推荐结果的。这使得用户对于自己个性化推荐的解释和控制变得困难，增加了隐私的不透明性。

（二）个性化推荐系统的隐私保护策略

1. 匿名化和脱敏处理

为了保护用户的隐私，个性化推荐系统可以采用匿名化和脱敏处理的方法，对收集的用户数据进行去标识化，防止直接关联到具体的个人身份。这有助于降低数据被滥用的风险。

2. 差分隐私技术

差分隐私是一种通过在数据中引入噪音或干扰，使得对于任何单个个体的信息不易被推断出来的隐私保护技术。个性化推荐系统可以采用差分隐私技术，确保用户的隐私信息在推荐过程中不被泄露。

3. 用户授权与透明度

推荐系统应强调用户的授权与透明度。在收集用户数据之前，系统应当明确告知用户数据的用途、收集范围以及可能的风险，并征得用户的明示同意。透明的数据处理过程有助于提高用户对个性化推荐系统的信任。

4. 分布式学习与联邦学习

分布式学习和联邦学习是一种将模型训练过程分散到本地设备上进行的方法，可以在不共享原始数据的情况下进行模型更新。这有助于降低数据泄露的风险，提高用户的隐私安全性。

（三）个性化推荐系统的伦理考量

1. 透明度与解释性

推荐系统的透明度与解释性是伦理考量的重要方面。用户应当能够理解系统是如何得出某一推荐结果的，且推荐算法的决策过程应当是可解释的。这有助于维护用户对系统的信任，减轻用户的隐私顾虑。

2. 公平性与偏见

个性化推荐系统在推荐过程中可能存在公平性和偏见的问题。推荐算法可能会因为用户的种族、性别、年龄等因素而产生偏见，导致不公平的推荐结果。在设计推荐算法时，应当注重消除潜在的偏见，确保公平性。

3. 用户权利与选择权

伦理上，用户应当享有对自己数据的所有权，并有权选择是否参与个性化推荐系统。系统应当尊重用户的权利，提供明确的选择权，允许用户决定是否分享个人信息以获得更好的推荐服务。

4. 社会责任

推荐系统作为数字化服务的一部分，应当担负起社会责任。系统设计应当考虑到对社会的影响，避免因推荐而造成不良的社会后果，如信息过滤、信息茧房的形成等。

（四）未来发展趋势

1. 强化隐私保护技术

未来个性化推荐系统的发展趋势将更加强化隐私保护技术。随着差分隐私、联邦学习等技术的不断成熟，推荐系统可以更有效地保护用户的隐私，确保用户的个人信息不被滥用或泄露。

2. 引入伦理审查机制

为了更好地应对伦理考量，未来的个性化推荐系统可能会引入伦理审查机制。在推荐算法的设计和实施阶段，对算法的公平性、透明度以及对用户权利的尊重进行伦理审查，以确保系统的社会责任得到充分考虑。

3. 增强用户参与度

推荐系统未来可能更加强调用户的主动参与。通过强化用户对个人信息的控制权、提供更灵活的隐私设置，系统可以促使用户更积极地参与到隐私保护的过程中，建立起用户与系统之间的信任关系。

4. 推动法规与标准的制定

随着个人信息保护法规的不断完善，未来的个性化推荐系统可能会更积极地遵守相关法规和标准。制定更严格的数据隐私法规，要求个性化推荐系统在数据收集、处理和存储过程中更加谨慎，以确保用户的隐私权得到有效保护。

5.教育与宣传用户隐私保护意识

未来个性化推荐系统的发展可能伴随着用户隐私保护意识的提升。系统开发者可以通过教育和宣传，提高用户对个人信息安全的关注，使用户更加主动地采取隐私保护措施，形成一个共同维护隐私的社会氛围。

个性化推荐系统在数字化时代为用户提供了更精准的信息和服务推荐，但同时也引发了隐私保护和伦理考量的问题。隐私问题主要体现在用户行为数据的敏感性、数据共享与第三方风险以及推荐算法的黑箱问题上。为了应对这些问题，系统可以采用匿名化和脱敏处理、差分隐私技术、用户授权与透明度、分布式学习与联邦学习等隐私保护策略。

伦理考量主要关注透明度与解释性、公平性与偏见、用户权利与选择权以及系统的社会责任。为了解决伦理问题，系统应强调透明度、解释性，避免偏见，尊重用户权利，并担负社会责任。

未来个性化推荐系统的发展趋势将包括强化隐私保护技术、引入伦理审查机制、增强用户参与度、推动法规与标准的制定以及教育与宣传用户隐私保护意识。通过这些努力，可以更好地平衡个性化推荐的效果和用户隐私保护之间的关系，促进个性化推荐系统的可持续、健康发展。

五、推荐系统的用户满意度与效果评估

随着信息爆炸和个性化需求的增加，推荐系统在数字化时代发挥着越来越重要的作用。然而，一个成功的推荐系统不仅需要高效的算法，还需要深入了解用户的满意度和评估系统的效果。本书将探讨推荐系统用户满意度与效果评估的关键因素、方法和未来发展趋势。

（一）用户满意度的关键因素

1.推荐准确度

推荐准确度是评估推荐系统性能的重要指标之一。用户期望系统能够准确地理解他们的兴趣，并提供符合实际需求的推荐内容。准确的推荐能够提高用户的

满意度，降低用户寻找信息的成本。

2. 推荐多样性

推荐多样性衡量了系统是否能够呈现用户感兴趣但可能未曾接触过的内容。在追求个性化的同时，系统应当避免陷入"信息茧房"，通过推荐多样性提供更广泛的选择，增加用户对系统的信任感。

3. 推荐时效性

推荐时效性考量了推荐系统是否能够及时反映用户兴趣的变化。用户的兴趣是动态变化的，一个好的推荐系统应当能够实时地适应用户的偏好变化，提供及时更新的推荐结果。

4. 推荐解释性

推荐解释性指系统是否能够向用户解释为何给出某个推荐结果。用户对推荐结果的理解和认同程度与系统的解释性密切相关，提高解释性有助于用户更好地理解推荐过程，增强用户满意度。

（二）推荐系统效果评估方法

1. 离线评估

离线评估是通过离线数据集进行推荐算法的性能评估。常用的离线评估指标包括准确度、多样性、覆盖度等。这种评估方法能够快速得到推荐算法的性能指标，但无法完全模拟真实的用户行为。

2. 用户调查与反馈

用户调查与反馈是一种直接获取用户意见和反馈的方法。通过问卷调查、用户反馈和意见收集，系统可以了解用户对推荐系统的满意度、喜好以及改进建议。这种方法可以提供直接的用户参与，但受到用户主观意见的影响。

3. 在线实验

在线实验是将推荐算法嵌入到真实的在线环境中，通过用户的实际行为数据进行评估。这种方法能够更真实地反映用户使用推荐系统的情况，但需要考虑实验设计和伦理问题。

4.A/B 测试

A/B 测试是通过将用户分为不同组，对比不同版本的推荐系统效果的一种方法。例如，使一部分用户使用新的推荐算法，另一部分用户使用原有算法，通过对比两组用户的行为数据来评估新算法的效果。

（三）推荐系统用户满意度与效果评估的挑战

1. 冷启动问题

冷启动问题是指在推荐系统初期或面对新用户时，由于缺乏足够的历史数据，推荐算法难以准确预测用户兴趣。解决冷启动问题对于提高推荐系统的用户满意度至关重要。

2. 推荐系统偏见

推荐系统可能存在偏见，导致在推荐过程中偏好一些群体，而忽视其他群体。这种偏见可能基于用户的性别、年龄、种族等因素，对用户产生不公平的影响。

3. 数据隐私与安全性

用户数据的隐私和安全性是推荐系统面临的重要挑战。在收集、存储和处理用户数据的过程中，系统必须采取措施保障用户隐私，否则可能引起用户的担忧和不信任。

4. 评估标准的主观性

用户满意度与效果评估中的标准往往具有一定的主观性，因为不同用户对于推荐结果的期望和喜好可能存在较大差异。如何建立客观、全面的评估标准仍然是一个亟待解决的问题。

（四）未来发展趋势

1. 引入深度学习和增强学习技术

未来的推荐系统可能会更多地引入深度学习和增强学习技术。这些技术能够更好地捕捉用户的复杂兴趣和行为模式，提高推荐的准确度和个性化水平。

2. 结合多源数据

为了解决冷启动问题和提高推荐效果，未来的推荐系统可能会更加注重结合多源数据。包括用户行为数据、社交网络数据、时下热门话题等多样化信息，以更全面地了解用户兴趣和需求。

3. 强调个性化推荐解释性

随着推荐系统算法的复杂化，用户对于为何会得到某个推荐结果的需求也在增加。未来的趋势可能会强调个性化推荐解释性，使用户能够更清晰地了解推荐算法是如何根据其兴趣和行为生成推荐结果的。

4. 增强推荐系统的社交化特征

推荐系统未来可能更加注重社交化特征，通过结合用户的社交网络信息，提供更具互动性和社交性的推荐。这种方式能够增加用户参与度，改善推荐结果的质量和多样性。

5. 利用增强学习优化在线推荐效果

增强学习是一种通过不断试错和学习来优化决策的方法，未来的推荐系统可能会更多地利用增强学习来优化在线推荐效果。这有助于系统更灵活地适应用户的个性化需求和变化。

推荐系统的用户满意度与效果评估是保证系统长期稳健运行的关键环节。准确的评估可以指导系统优化，提高用户体验。在评估中，关键因素包括推荐准确度、多样性、时效性和解释性。评估方法主要包括离线评估、用户调查与反馈、在线实验和 A/B 测试。

然而，评估过程中仍然面临一系列挑战，如冷启动问题、系统偏见、数据隐私与安全性，以及评估标准的主观性。未来发展趋势将包括引入深度学习和增强学习技术、结合多源数据、强调个性化推荐解释性、增强系统的社交化特征，以及利用增强学习优化在线推荐效果。通过这些发展，推荐系统将更好地满足用户需求，提高用户满意度，实现系统的可持续发展。

第二节 读者关系管理（CRM）在高校图书馆的应用

一、CRM系统在高校图书馆中的建设与应用

高校图书馆作为学术信息服务的中心，为满足广大师生的学术和研究需求，需要建立高效的管理系统。客户关系管理（Customer Relationship Management，CRM）系统作为一种有效的信息管理工具，通过整合、分析用户数据，实现对用户的个性化服务。以下将探讨CRM系统在高校图书馆中的建设与应用，包括系统建设的背景、关键特征、应用场景以及可能面临的挑战和未来发展方向。

（一）CRM系统背景

1.CRM系统的定义

CRM系统是一种集成了多种技术、流程和战略的综合性管理系统，旨在帮助机构有效管理与客户（用户）之间的关系。在高校图书馆中，用户可以包括学生、教师、研究人员等各类使用者。

2.CRM系统在图书馆中的意义

在数字化时代，用户需求日益多样化，图书馆需要更好地了解用户的阅读习惯、偏好和需求，以提供更个性化、精准的服务。CRM系统通过整合用户数据，帮助图书馆更好地理解和服务用户，提升用户体验，同时实现资源的有效管理和利用。

（二）CRM系统的关键特征

1.数据整合与分析

CRM系统通过整合不同渠道收集到的用户数据，包括借阅记录、检索历史、阅读偏好等，进行综合分析。这有助于图书馆全面了解用户需求，为用户提供更符合其兴趣和学术需求的服务。

2.个性化服务与推荐

基于用户数据的分析，CRM系统可以实现个性化服务和推荐。例如，根据

用户的阅读历史,系统可以推荐相关学科领域的新书、期刊文章,提高用户对图书馆资源的有效利用。

3.用户互动与参与

CRM系统可以建立用户反馈和互动机制,通过调查、问卷等方式收集用户意见,了解用户对图书馆服务的满意度和建议,进而调整和优化服务策略。

4.多渠道沟通

CRM系统支持多渠道的沟通方式,包括电子邮件、短信通知、在线聊天等,以满足用户多样化的沟通需求,提高信息的传递效率。

(三)CRM系统在高校图书馆中的应用场景

1.用户信息管理

CRM系统可以帮助图书馆建立完善的用户信息数据库,包括基本信息、借阅记录、学科偏好等。通过对这些数据的分析,图书馆可以更好地了解用户群体的特点和需求。

2.个性化推荐服务

基于用户的阅读历史和兴趣标签,CRM系统可以实现个性化的图书推荐服务。当用户登录系统时,系统能够向其推荐可能感兴趣的新书、学术论文或数据库资源。

3.活动和培训管理

通过CRM系统,图书馆可以更有效地组织和管理各类活动和培训。系统可以记录用户参与的活动,根据用户的兴趣向其推送相关培训信息,提高用户参与度。

4.用户反馈与投诉处理

CRM系统建立了用户反馈和投诉的渠道,用户可以通过系统提交反馈或投诉。图书馆可以及时响应用户的需求,改进服务质量,提升用户满意度。

(四)CRM系统在高校图书馆中可能面临的挑战

1.隐私与安全问题

由于CRM系统涉及大量用户个人信息,隐私和安全问题是一个不可忽视的挑战。图书馆需要建立健全的信息安全制度和隐私保护机制，确保用户信息不被滥用。

2. 技术基础和人员培训

CRM 系统的建设需要一定的技术支持，包括系统的选择、开发和维护。图书馆可能面临技术基础和人员培训需求不足的问题。

3. 用户参与度

建立良好的用户参与机制是 CRM 系统成功应用的关键。如果用户不愿意参与或提供足够的信息，系统的数据质量和个性化服务效果可能受到影响。

4. 成本与投资回报

CRM 系统的建设和维护可能需要相当的投资，图书馆需要权衡系统建设的成本和投资回报，确保系统的可持续发展。

（五）未来发展方向

1. 智能化与人工智能应用

未来，CRM 系统有望更多地结合智能化和人工智能技术，通过自动化处理用户数据、预测用户需求，提供更为智能、高效的个性化服务。这包括利用自然语言处理技术改进用户沟通的效率，以及通过机器学习算法不断优化个性化推荐的准确性，从而提升整体系统的智能水平。

2. 跨系统整合

未来的发展方向还包括更多地实现 CRM 系统与其他图书馆管理系统的跨系统整合。这样一来，不仅可以更全面地整合用户信息，还能够更好地实现资源的协同利用，提高图书馆整体服务水平。

3. 移动化与多渠道服务

随着移动应用的普及，未来的 CRM 系统将更加注重移动化服务。用户可以通过手机应用随时随地访问图书馆服务，实现信息的即时传递。此外，多渠道服务将得到更进一步的发展，通过社交媒体、在线聊天等多种渠道实现更全面的用户互动。

4. 强化用户培训与参与机制

未来的 CRM 系统将更加强调用户培训和参与机制。通过持续的用户培训，图书馆可以提高用户对系统的认知度和使用技能，进而提高用户参与度。建立更加灵活、开放的用户反馈机制，鼓励用户分享更多的需求和建议，是实现系统持续优化的关键。

5. 数据隐私与伦理保护

未来发展中，隐私和伦理保护将成为更为突出的问题。图书馆需要制定更为严格的数据隐私政策，确保用户信息的安全和合法使用。同时，要积极倡导并贯彻数据伦理的原则，确保数据的使用不仅合法，还要符合道德和社会责任。

CRM 系统在高校图书馆中的建设与应用为提升服务质量、满足用户需求提供了有效的工具。通过数据整合、个性化推荐、用户互动等关键特征，图书馆可以更好地了解用户，为其提供更加个性化、智能化的服务。然而，面临的挑战也不容忽视，包括隐私与安全问题、技术基础和人员培训等。未来的发展方向包括智能化与人工智能应用、跨系统整合、移动化与多渠道服务、强化用户培训与参与机制以及数据隐私与伦理保护。通过持续创新与完善，CRM 系统将更好地服务于高校图书馆的发展与用户需求。

二、读者关系数据分析与服务个性化的实践

随着数字化时代的到来，图书馆作为知识服务的中心，面临着更为多样化、个性化的读者需求。为了更好地满足读者的期望，图书馆采用读者关系数据分析与个性化服务的实践成为当下关键的发展趋势之一。以下将探讨读者关系数据分析在图书馆中的应用，以及通过数据分析实现的服务个性化的实践经验。

（一）读者关系数据分析的背景

1. 读者关系数据的定义

读者关系数据是指通过各种渠道收集的关于读者行为、偏好、需求等方面的数据。这包括借阅记录、检索历史、参与活动情况等多维度的信息。通过对这些数据的分析，图书馆可以更全面地了解读者，从而提供更符合其需求的服务。

2. 数据分析在图书馆的重要性

随着图书馆服务的数字化和网络化，大量的读者关系数据被积累和记录。数据分析为图书馆提供了深入洞察读者行为和需求的机会，有助于优化图书馆资源的配置、提高服务质量，更好地满足读者的期望。

（二）读者关系数据分析的关键实践

1. 数据收集与整合

读者关系数据的分析始于数据的收集。图书馆可以通过图书馆管理系统、数字资源使用统计、社交媒体互动等途径收集多维度的数据。整合这些数据，建立起读者的全局视图，为后续分析奠定基础。

2. 行为分析与模式挖掘

通过对读者行为的分析，图书馆可以发现读者的阅读偏好、借阅周期、关注领域等信息。模式挖掘技术可以帮助图书馆识别出一些潜在的规律，为服务个性化提供数据支持。

3. 个性化推荐系统

基于读者关系数据的分析，图书馆可以构建个性化推荐系统。该系统通过算法分析读者的历史行为，为其推荐更符合其兴趣和需求的图书、期刊、数据库等资源，提高读者的满意度。

4. 用户画像的建立

通过对读者关系数据的分析，可以建立起读者的用户画像，包括读者的个人信息、兴趣爱好、学科领域等。这有助于图书馆更好地了解读者群体的多样性，从而提供更加精准的服务。

（三）服务个性化的实践经验

1. 个性化阅读推荐

通过对读者关系数据的分析，图书馆可以向读者推荐符合其兴趣和学科需求的图书和期刊。个性化阅读推荐系统可以根据读者的历史借阅记录、检索关键词等信息，提供更具针对性的推荐列表。

2.定制化数字学习空间

通过分析读者关系数据,图书馆可以为不同学科领域的读者构建定制化的数字学习空间。这包括整合相关学科的数字资源、提供个性化的学科导航和知识整合,为读者提供更有针对性的学术支持。

3.活动和培训个性化

通过了解读者关系数据,图书馆可以更精确地组织各类活动和培训。例如,根据读者的兴趣爱好,定制专题讲座或工作坊,提高活动的参与度和培训的效果。

4.用户参与和反馈机制

个性化服务的关键在于用户的参与和反馈。通过分析读者关系数据,图书馆可以建立更有效的用户参与和反馈机制,鼓励读者积极参与图书馆的服务改进。这可以通过定期的用户调查、建立用户反馈渠道、参与社交媒体等方式实现。通过读者关系数据的分析,图书馆可以更准确地了解读者的期望和需求,进而进行精细化的服务调整和优化。

(四)面临的挑战与应对策略

1.隐私与安全问题

随着个性化服务的发展,隐私与安全问题成为一个日益突出的挑战。图书馆需要建立健全的隐私保护机制,确保读者关系数据的合法使用,明确数据收集的目的和范围,以及采取保障读者隐私的措施。

2.数据质量和准确性

读者关系数据的质量和准确性直接影响个性化服务的效果。图书馆在数据收集、整合、分析的过程中,需要采用有效的数据清洗和验证手段,确保数据的真实性和完整性。

3.技术基础与人员培训

实施读者关系数据分析需要一定的技术基础和专业人才。图书馆可能面临技术设施不足、人员培训需求大等问题。因此,图书馆需要投资于技术设备更新与升级,并提供相关的培训计划,确保工作人员具备足够的数据分析和应用能力。

4.用户参与度

用户参与度是个性化服务成功的关键,但并不是所有读者都愿意或能够积极参与。图书馆可以通过更加灵活的激励机制、提供实际的利益回馈等方式，鼓励读者参与个性化服务的建设，从而更好地满足他们的需求。

（五）未来发展方向

1. 强化 AI 技术应用

未来，随着人工智能（AI）技术的不断发展，图书馆可以更多地应用 AI 技术进行读者关系数据的分析。例如，采用自然语言处理技术解析读者的反馈信息，利用机器学习算法更精准地推测读者的兴趣和需求，从而进一步提升个性化服务水平。

2. 多模态数据融合

未来图书馆可以考虑将多模态数据（文字、图像、音频等）进行融合，更全面地理解读者的需求。这种跨模态的数据分析有望提供更加立体和丰富的用户画像，使个性化服务更加贴近读者的多样化需求。

3. 开放数据共享

图书馆可以考虑开放一部分匿名化的读者关系数据，与其他机构或学术界共享。通过开放数据，不仅能够促进图书馆之间的合作，还能为学术研究提供更多的数据支持，推动整个行业的发展。

4. 持续改进用户参与机制

用户参与是个性化服务成功的关键因素之一。图书馆需要不断改进用户参与的机制，包括提供更加方便的参与途径、更有吸引力的激励措施，以及更及时的反馈回应，从而建立一个良好的用户参与生态。

通过读者关系数据分析与个性化服务的实践，图书馆能够更好地了解读者、满足他们的需求，提升服务质量。在面临各种挑战的同时，图书馆需要注重隐私与安全、数据质量、技术基础与人员培训、用户参与度等方面的管理。未来，借助于 AI 技术、多模态数据融合和开放数据共享，图书馆有望在读者关系数据分析与个性化服务领域实现更为全面、深度的发展。

三、读者反馈与 CRM 系统的闭环反馈机制

读者反馈在图书馆服务中起着至关重要的作用，能够直接影响服务质量和用户满意度。为了更有效地收集、分析和回应读者反馈，许多图书馆引入了客户

关系管理（CRM）系统，并构建了闭环反馈机制。以下将深入探讨读者反馈与CRM系统的关系，分析闭环反馈机制在图书馆服务中的应用，以及如何通过这一机制不断提升服务质量。

（一）概述

读者反馈是图书馆服务中的宝贵资源，能够为图书馆提供用户需求、期望和不满的直接信息。为了更好地了解读者的反馈，许多图书馆选择引入CRM系统，建立起闭环反馈机制。这一机制通过有效地收集、分析和回应反馈信息，使图书馆能够更灵活地调整服务策略，提升服务质量。

（二）读者反馈的重要性

1. 直接反映用户需求

读者反馈是用户对图书馆服务的直接评价和建议，能够直观地反映用户的需求和期望。通过仔细分析反馈内容，图书馆能够更准确地了解用户的喜好和关注点，从而有针对性地改进服务。

2. 提高用户满意度

对读者的反馈及时做出回应，并采取积极的改进措施，可以增加用户对图书馆的满意度。用户感受到自己的声音被重视，对图书馆的信任感和忠诚度会得到提高。

3. 问题及时发现与解决

通过读者反馈，图书馆能够及时发现服务中存在的问题，包括设施不足、服务不周等。通过及时解决这些问题，可以防止问题进一步恶化，保障服务质量。

4. 促进服务创新

读者反馈中蕴含着许多关于新服务、新资源的建议，这些建议可以为图书馆的服务创新提供宝贵的灵感。通过倾听读者的声音，图书馆能够更好地适应社会发展和用户需求的变化。

（三）CRM系统在读者反馈中的作用

1. 信息集中管理

CRM系统能够集中管理读者反馈信息，建立完整的读者档案，包括历史反馈、借阅记录等。这有助于图书馆更全面地了解每位读者的需求和反馈历史。

2. 个性化服务

基于 CRM 系统的数据分析功能，图书馆可以为每位读者提供个性化的服务。通过了解读者的兴趣爱好和反馈历史，图书馆可以更准确地进行个性化推荐和服务。

3. 实时反馈与回应

CRM 系统使得读者反馈的收集和处理更加高效。读者的反馈可以通过系统实时传递给相关工作人员，有助于快速回应用户的需求和解决问题。

4. 建立用户关系

CRM 系统能够帮助图书馆建立更紧密的用户关系。通过不断迭代、回应用户反馈，图书馆能够加强与用户的互动，提高用户对图书馆的信任感。

5. 数据分析与决策支持

CRM 系统提供了强大的数据分析功能，通过对读者反馈的大数据进行深入挖掘，图书馆能够更科学地制定服务策略，优化资源配置，提高服务效率。

（四）闭环反馈机制的构建

1. 反馈收集

通过各种渠道收集读者反馈，包括意见箱、在线反馈表单、社交媒体等。利用 CRM 系统的数据收集功能，确保反馈信息的准确、完整。

2. 信息录入与整理

将收集到的反馈信息录入 CRM 系统，并进行分类整理。建立完整的反馈数据库，包括反馈内容、反馈人、反馈时间等信息。

3. 数据分析与报告

利用 CRM 系统的数据分析工具，对反馈数据进行深入分析。生成相关报告，包括问题类型、频率分布、用户满意度等，为图书馆提供决策支持。

4. 问题解决与改进

根据分析报告，图书馆需要及时采取措施解决问题和改进服务。这可以包括改进流程、增加资源、加强培训等方面的措施。

5. 回馈与感谢

对提出反馈的读者进行回馈和感谢，告知他们的反馈得到了重视并采取了相应的改进措施。这有助于增强用户的满意度和信任感。

（五）挑战与应对策略

1. 信息过载与筛选困难

随着读者反馈的增加，信息的处理可能变得庞大而复杂。图书馆需要建立有效的信息筛选机制，通过 CRM 系统的分析工具有针对性地提取关键信息，降低信息过载的风险。

2. 技术投入与维护成本

引入和维护 CRM 系统需要一定的技术支持和成本投入。图书馆应该在系统选型前仔细评估，选择适合自身规模和需求的系统，并合理规划系统的运维工作。

3. 用户隐私保护

读者反馈往往涉及个人信息，图书馆在使用 CRM 系统时必须严格遵循隐私保护法规，建立清晰的隐私政策，加强系统安全性，保护用户个人信息的安全。

4. 员工培训与接受度

引入 CRM 系统需要员工具备一定的技术和操作能力，而且员工需要接受相关的培训。图书馆应该制订详细的培训计划，确保员工能够熟练使用系统，提高工作效率。

读者反馈与 CRM 系统的闭环反馈机制在图书馆服务中的应用，不仅能够直接提高服务质量和用户满意度，还为图书馆在服务创新、资源优化、数字化服务等方面提供了有力支持。通过不断收集、分析和回应读者反馈，图书馆能够建立起更加紧密的与读者的关系，实现与读者的良性互动。

未来，随着技术的不断进步和用户需求的变化，闭环反馈机制将进一步发展。新一代的 CRM 系统可能会更加智能化，通过引入更先进的人工智能、机器学习等技术，实现对读者需求更加精准的预测和个性化服务。同时，图书馆还需关注用户隐私保护、系统安全性等方面的问题，保障闭环反馈机制的可持续健康运行。通过科学合理的系统运用和不断的优化调整，图书馆将能够更好地满足读者的需求，提升服务水平，实现良性发展。

第四章 图书馆空间设计与读者体验

第一节 空间布局与图书馆氛围的影响

一、图书馆空间设计对学习氛围的塑造

图书馆作为知识的殿堂,其空间设计直接影响着用户的学习体验和学术氛围。以下将深入探讨图书馆空间设计对学习氛围的塑造,分析各种元素在图书馆空间中的应用,以及如何通过合理设计提升用户的学习体验,创造一个鼓舞人心的学术环境。

(一)概述

图书馆是学术和知识的殿堂,是学生和研究者进行学术活动和独立思考的场所。图书馆的空间设计直接影响着用户的学习体验和学术氛围。一个设计恰当的图书馆空间可以为用户提供安静、舒适、富有灵感的学习环境,激发学术探讨和思考。因此,深入研究图书馆空间设计与学习氛围的关系对于提升图书馆服务质量具有重要的意义。

(二)图书馆空间设计的基本原则

1. 开放性与私密性的平衡

图书馆空间设计需要在开放性与私密性之间找到平衡。开放的学习空间可以促进交流和合作,而私密的空间则为个人深度学习提供了环境。通过科学合理的布局和分区设计,图书馆既可以创造出具有活力的开放学习区域,又提供了相对安静私密的独立学习空间。

2. 灵活性与多功能性

图书馆空间需要具备一定的灵活性，以适应不同用户的需求和不同学术活动的要求。多功能的设计使得同一空间可以满足多种需求，如讨论区、研究区、阅读区等，为用户提供更加多元化的学术体验。

3. 舒适性与可持续性

舒适的学习环境是学术氛围形成的基础。图书馆空间的设计需要考虑舒适的座椅，合适的光照、通风和温度等因素。同时，可持续性的设计理念也应该被融入，以保障图书馆的长期可用性。

4. 科技融合与创新

随着科技的发展，图书馆空间设计也需要融入先进的科技元素，如智能照明、虚拟现实技术、互动式展示等，以提升学习体验和引领学术创新。

5. 文化与艺术元素的融入

图书馆作为文化场所，应当融入丰富的文化和艺术元素。这不仅可以为用户提供更加丰富的学术体验，也能够激发创造力和想象力，提高用户对学习的兴趣。

（三）图书馆空间设计元素的应用

1. 布局设计

开放式布局：开放的学习区域通常包括共享的阅读区、讨论区和合作区，促进学生之间的交流和合作。这种布局适用于小组学习和团队项目。

独立式布局：为追求更安静、私密的学习环境的用户提供独立的学习空间，如个人研究室、小型独立的学习单元，满足深度学习的需求。

多功能布局：通过设计灵活可变的设施和空间布局，使得同一空间可以适应不同的学术活动，如讲座、研讨会、展览等。

2. 设施设计

舒适的座椅：提供符合人体工程学的舒适座椅，考虑到长时间学习的用户，设计座椅的高度、软硬度和支撑性。

可调节桌椅：考虑到不同身高和学习需求的用户，提供可调节高度的桌椅，确保用户在学习时能够找到最合适的姿势。

移动式设施：设计一些移动式的设施，使得用户可以根据需要自由调整空间，满足不同的学术活动需求。

3. 光照设计

自然光与人工光结合：最大限度地利用自然光，同时设计合适的人工光源，确保整个图书馆空间在白天和晚上都能提供适宜的照明。

避免眩光：避免过强的灯光和眩光，采用柔和的光线，有助于提高学习效率和舒适度。

4. 空气质量设计

良好的通风系统：确保空气新鲜流通。设计良好的通风系统，保持空气的新鲜流通，有助于提高用户的注意力和学习效率。考虑引入植物，以促进空气净化。

空气质量监测：集成空气质量监测系统，实时监测空气中的污染物质，确保用户在良好的环境中学习。

5. 多媒体技术的融入

智能互动展示：利用大屏幕、投影仪等多媒体技术，创建智能互动展示区域，为学生提供更加生动直观的学习体验。

虚拟现实技术：将虚拟现实技术应用于学习空间设计，为用户提供身临其境的学习体验，对于某些学科的实践性学习尤为有益。

数字化资源访问：提供数字化资源访问设施，包括电子书籍、在线期刊等，使学生能够更方便地获取学术信息。

6. 文化与艺术元素的融入

艺术品陈设：在图书馆空间中布置艺术品，如绘画、雕塑等，以增添学术氛围和提高空间的审美感。

文化主题装饰：设计符合文化主题的装饰元素，如根据不同专业或主题设置相关装饰，营造出更加浓厚的学术氛围。

文学引用墙：在空间的墙面设置文学引用，激发用户对学术的兴趣，同时传递出鼓励学习的信息。

7. 社交空间设计

讨论区和小组学习室：设置专门的讨论区和小组学习室，为用户提供合适的空间，鼓励小组学习和讨论。

社交休息区：设计舒适的休息区域，方便用户进行休息和社交，促进学术交流。

咖啡厅或茶水间：在图书馆中设置咖啡厅或茶水间，为用户提供社交和放松的场所。

（四）通过空间设计提升学习氛围的策略

用户参与：在空间设计过程中，引入用户参与的机制，包括用户调查、座谈会等，以了解用户的实际需求和期望，从而更好地满足用户的学习体验。

科技与人文结合：将科技元素与人文元素有机结合，既满足数字时代的学习需求，又保持图书馆作为文化场所的传统特色。

不断优化：针对用户的反馈和使用情况，不断进行空间设计的优化和调整，确保图书馆空间始终能够适应用户的需求和学术环境的变化。

合理分区：设计不同功能的区域，包括安静学习区、小组讨论区、数字资源访问区等，合理分区有助于提供更专业化的学术服务。

跨学科设计：考虑到不同学科的学习特点，进行跨学科的设计，使得图书馆空间更具包容性和灵活性。

与教学楼连接：图书馆的空间设计应该与教学楼、实验室等教育设施相连接，以提供更为便捷的学术资源获取通道。

定期活动策划：定期在图书馆中组织学术讲座、展览、读书会等活动，活跃学术氛围，吸引更多用户参与。

（五）图书馆空间设计对学习氛围的影响

提高学习效率：舒适、安静、灵活的学习环境有助于提高学生的学习效率，减少外部干扰，使学生更好地专注于学术活动。

促进学术交流：开放式的学习区域和社交空间有助于学生之间的学术交流和合作，激发创新和思想碰撞。

提升学术氛围：融入文化和艺术元素的设计，以及良好的空气质量、光照等条件，能够提升整个图书馆的学术氛围，吸引学术人才。

培养独立思考：提供独立学习空间，鼓励个体的深度思考和独立研究，培养学生的自主学习能力。

数字化服务支持：利用科技融合的设计，提供数字化资源访问、多媒体技术的支持，为用户提供更丰富的学术资源和学习工具，促进信息素养的提升。

激发创造力：融入文化和艺术元素，通过艺术品、文学引用等设计，激发用户的创造力和想象力，使学习环境更具灵感。

提高用户体验：通过舒适的座椅、合理的照明、良好的空气质量等设计，提高用户在图书馆的整体体验，增加用户对图书馆的满意度。

社交交流空间：设计合适的社交空间，如讨论区、小组学习室、休息区等，有助于学生建立学术社交网络，促进学术共同体的形成。

引导学科发展：图书馆空间的合理设计可以引导学科发展方向，如设置专门的实验室、数字化创客空间等，鼓励学科创新和跨学科研究。

培养学习习惯：通过空间设计，如有序的书架布局、合理的阅读区设置等，培养用户良好的学习习惯，提高学术素养。

（六）图书馆空间设计的挑战与应对策略

空间有限性：部分图书馆面临空间有限的挑战，需要在有限的空间内实现多功能化。解决策略包括合理规划布局、引入可移动式设施、利用垂直空间等。

技术更新：科技发展迅速，图书馆需要不断更新设备和技术元素。应对策略是定期进行设备升级，引入新技术，保持图书馆空间的科技先进性。

用户群体多样性：不同年龄层次、背景的用户对学习环境有不同需求。设计时需要兼顾各类用户，提供灵活的空间布局和服务，满足不同用户的需求。

预算限制：图书馆空间设计需要在有限的预算内实现。应对策略包括精确规划预算、寻找合适的设计方案、利用社区资源等。

文化差异：不同文化对学习环境的期望和需求存在差异。在设计时需要考虑本地文化特色，确保图书馆空间与当地文化相融合。

可持续性要求：随着社会对可持续发展的重视，图书馆空间设计需要符合可持续性要求。应对策略包括引入绿色建筑理念、提倡能源节约、推广可循环材料等。

安全和隐私问题：引入科技元素可能涉及到用户数据安全和隐私问题。应对策略包括严格遵守相关法规、采用安全的网络和设备、为用户提供隐私保护选择。

适应未来发展：图书馆空间设计需要具有一定的适应性，以适应未来学术环境的发展。应对策略包括引入可升级的设计元素、定期进行评估和调整。

图书馆空间设计与学习氛围的营造是一个复杂而多层次的工程，需要考虑用户需求、科技发展、文化差异等众多因素。通过精心设计，图书馆空间可以成为学生、研究者和学术人员共同探讨、交流和学习的场所。有效的空间设计既能提升学习效率，又能够促进学术交流，培养学术氛围，为知识的传播和创新提供有力支持。未来，随着社会的不断发展和用户需求的变化，图书馆空间设计将持续面临新的挑战，但也将有更多的机遇和创新空间。通过不断总结经验、引入新理念和技术，图书馆将能够更好地适应时代发展，为用户提供更优质的学术服务。

二、空间布局对不同读者群体的适应性分析

图书馆作为学术和文化场所，其空间布局直接关系到不同读者群体的学习体验和满意度。以下将深入探讨图书馆空间布局对不同读者群体的适应性，分析在设计中应考虑的因素，以提供更贴近用户需求的学术环境。

（一）概述

图书馆的空间布局是其服务质量和用户体验的关键组成部分。不同的读者群体具有不同的学术需求和学习偏好，因此，图书馆的空间设计应当充分考虑这些差异性。通过深入分析不同读者群体的特点和需求，图书馆可以实现更加精准和有效的空间布局，提升服务水平，创造更具活力和包容性的学术环境。

（二）不同读者群体的特点与需求

1. 学生群体

特点：学生是图书馆最常见的用户群体，包括本科生、研究生等。他们通常需要一个安静、集中的学习环境，以完成课程作业、阅读教材和进行独立研究。

需求：适宜的阅读区域、独立学习室、电源插座、宽敞的桌椅空间、数字化资源访问点等是学生关注的重点。

2.研究者群体

特点：研究者包括博士生、教职人员等，他们需要更为专业、深度的学术环境，以进行深入研究和创新性工作。

需求：独立研究室、专业书籍区、数字化数据库访问、实验室设施等是研究者关注的关键点。

3.社区居民群体

特点：图书馆也服务于社区居民，包括学龄前儿童、家长等。他们可能更注重图书馆的社交和教育功能，希望有适合儿童的学习空间。

需求：儿童阅读区、家庭学习角、亲子活动区、社区会议室等是社区居民关注的重要元素。

4.访客和游客群体

特点：一些图书馆可能成为游客的旅游目的地，他们通常对图书馆的历史和文化有浓厚兴趣，但可能仅短暂停留。

需求：有导览服务的入口、文化展示区、交互式数字导览等是游客关注的因素。

（三）空间布局的关键元素与设计原则

1.灵活的布局设计

原则：采用灵活的布局，既能适应大量学生的集中学习，又能为研究者提供更为独立的研究空间。

实践：利用可移动设施、隔断等设计，实现灵活切换开放学习区和独立学习区。

2.多功能区域划分

原则：将图书馆空间划分为多功能区域，满足不同读者群体的不同需求，如阅读区、学术交流区、数字化资源区等。

实践：根据不同需求设置专业的学术区域和社交休息区，确保空间的多样性。

3.数字化技术融合

原则：整合数字化技术，为不同读者群体提供便捷的数字化资源访问、互动展示等服务。

实践：设立数字化学术资源区，引入智能化服务系统，方便读者获取电子书籍、在线期刊等。

4. 人性化设施设计

原则：设计人性化、舒适的设施，符合不同读者的身体工程学，提高学习和工作的舒适度。

实践：选择可调节高度的桌椅，提供符合人体工程学的座椅，确保读者长时间学习不感到疲劳。

5. 社交空间设置

原则：设置社交空间，促进不同读者群体之间的学术交流，同时为社区居民提供合适的社交休息场所。

实践：设立专门的讨论区和小组学习室，提供舒适的休息角落，鼓励读者互动。

（四）案例分析：不同读者群体的适应性设计

1. 学生学习区

设计要点：开放式的学习区域，配备宽敞的桌椅，提供电源插座，设置数字化资源访问站点，提供专门的小组学习室。

实际操作：学生学习区域采用开放的空间布局，配备舒适的座椅和宽敞的桌面，以满足学生的学术需求。在学习区域的边缘设置电源插座，方便学生使用电子设备。此外，设置数字化资源访问站点，让学生方便地获取在线学术资料。为促进小组学习，设立若干小组学习室，提供合适的讨论环境，鼓励学生互动和合作。

2. 研究者专业区

设计要点：提供独立的研究室，专业书籍区域，数字化数据库访问点，实验室设施。

实际操作：为研究者设置独立的研究室，保障他们能够专心深入研究。在专业书籍区域，按照不同学科领域分类书籍，提供便捷的检索系统。设置数字化数据库访问点，方便研究者获取在线期刊、数据库等学术资源。对需要实验室设施的研究者，提供专门的实验室空间，确保他们能够进行实验和研究活动。

3. 社区居民学习区

设计要点：设置儿童阅读区、家庭学习角、亲子活动区、社区会议室。

实际操作：为社区居民设置适合儿童的儿童阅读区，提供丰富的绘本和互动游戏，营造轻松、愉快的学习环境。设立家庭学习角，提供家长与孩子共同学习的空间。安排亲子活动区，定期组织亲子活动，促进家庭之间的互动。同时，为社区居民提供社区会议室，方便居民进行小型社区会议和活动。

4. 访客和游客参观区

设计要点：设立导览服务的入口、文化展示区、交互式数字导览。

实际操作：在图书馆的主入口设置导览服务，为访客提供图书馆的简介、导览图等信息。设立文化展示区，展示图书馆的历史、文化和特色藏书。利用交互式数字导览系统，让访客能够通过数字设备更好地了解图书馆的各个区域和服务。

（五）评估与调整

1. 用户反馈机制

建立机制：设立用户反馈通道，包括在线反馈表单、建议箱等，鼓励读者提出意见和建议。

实施：定期收集用户反馈，了解他们对图书馆空间布局的满意度以及可能存在的问题。通过分析反馈，调整图书馆的空间设计，以更好地满足用户需求。

2. 定期评估与改进

设立评估周期：制订空间设计的定期评估计划，以确保图书馆空间布局的适应性和效果。

实施：在每个评估周期，对图书馆的空间使用情况、用户流量、满意度等进行综合评估。根据评估结果，进行必要的改进和调整，以适应社会、技术和读者需求的变化。

图书馆空间布局的适应性设计是提升图书馆服务质量的关键因素。通过深入了解不同读者群体的特点和需求，采用灵活、多功能、数字化、人性化的设计原则，图书馆可以为不同读者提供更贴近实际需求的学术环境。通过不断的评估与调整，图书馆能够在满足读者需求的同时，保持其作为学术和文化场所的活力和吸引力。未来，随着社会的发展和读者需求的变化，图书馆空间设计将继续面临新的挑战，但通过科学合理的设计和不断的改进，图书馆将更好地履行其教育和文化使命。

三、空间设计与信息获取效率的关系

（一）概述

图书馆作为知识的仓库和学术交流的场所，其空间设计直接关系到用户信息获取的效率。在数字时代，信息获取已经不仅仅局限于传统的纸质书籍，还包括数字资源、在线期刊等多种形式。因此，如何通过空间设计提高用户信息获取效率成为图书馆管理者和设计师亟待解决的问题。以下将从空间布局、科技融入、人性化设计等角度深入探讨空间设计与信息获取效率的关系。

（二）空间布局对信息获取效率的影响

1. 开放式学习区域

优势：开放式学习区域能够提供宽敞、舒适的学习环境，促进信息的自由流动和交流。用户可以更轻松地获取来自其他学者的信息和见解。

挑战：开放式区域可能导致噪音问题，影响用户集中注意力。因此，在设计中需要合理划分空间，确保既有开放性，又有相对安静的学习区域。

2. 独立学习室

优势：独立学习室为用户提供安静、私密的学习环境，有助于深度思考和个体学习。用户在这样的环境中更容易专注于信息的获取。

挑战：过多的独立学习室可能导致空间利用率低下，需要在设计中权衡独立性和整体空间的合理利用。

3. 数字化资源区

优势：设立数字化资源区，用户可以方便地获取电子书籍、在线期刊等数字化学术资源，提高信息获取的速度。

挑战：设备的维护和更新、数字资源的许可问题都是需要考虑的挑战，需要确保数字资源的稳定性和可靠性。

4.多功能区域划分

优势：将空间划分为多功能区域，包括阅读区、讨论区、数字化资源区等，能够满足不同学者的多样化需求。

挑战：划分过于复杂可能导致用户感到迷失，需要在设计中注意功能区域的清晰标识和引导。

（三）科技融入与信息获取效率

1.智能导览系统

作用：智能导览系统能够为用户提供实时的馆内导航服务，帮助用户更快速地找到所需信息的位置。

实践：在图书馆设置数字屏幕，通过智能导览App或系统，用户可以输入关键词或扫描图书条码，系统将指引用户到达目标位置。

2.数字化目录和检索系统

作用：通过数字化目录和检索系统，用户可以更便捷地查找馆藏书籍、期刊等信息，缩短信息获取的时间。

实践：引入现代化的图书馆管理系统，支持在线检索和预约服务，使用户能够提前了解馆内资源，并进行有效的规划。

3.电子书籍和在线期刊服务

作用：提供电子书籍和在线期刊服务，用户无需亲自前往图书馆，通过网络即可获取到丰富的学术资源。

实践：在图书馆网站或App上提供电子书籍和在线期刊的下载和浏览服务，通过数字技术推动信息的远程获取。

4.虚拟现实技术

作用：利用虚拟现实技术，用户可以远程参观图书馆、阅览室等空间，提前了解馆内设施和资源。

实践：在图书馆设立虚拟导览站点，用户可以通过VR设备进行虚拟导览，了解馆内布局，并规划信息获取的路线。

（四）人性化设计与信息获取效率

1. 舒适的学习环境

作用：舒适的学习环境有助于提高用户的学术体验，使其更愿意在图书馆内花费更多的时间进行信息获取。

实践：采用人性化的座椅设计、合理的照明系统、良好的通风等，确保学习环境的舒适性。

2. 个性化服务

作用：提供个性化的服务，根据用户的学科和兴趣推荐相关的学术资源，提高信息获取的针对性和效率。

实践：利用用户数据库和学术偏好分析，为用户提供个性化的图书推荐、研究方向的最新进展等服务。通过引入学术社交网络，促进用户之间的学术交流和资源分享。

3. 交互式学术活动区域

作用：设立交互式学术活动区域，为用户提供展示、研讨、讲座等形式的学术活动，拓展信息获取的渠道。

实践：在图书馆设立多功能的学术活动区域，支持学术会议、学术报告、讲座等，使用户能够通过参与学术活动获取最新的学术信息。

4. 培训和指导服务

作用：提供培训和指导服务，帮助用户更有效地利用图书馆资源，提高信息获取的效率。

实践：设立培训区域，定期组织开展使用图书馆资源的培训课程，为用户提供检索技巧、文献阅读方法等方面的指导。

（五）空间设计与信息获取效率的挑战与对策

1. 信息过载问题

挑战：随着信息量的急剧增加，用户可能面临信息过载的问题，导致信息获取效率降低。

对策：通过优化检索算法、提供更精准的检索结果、引入智能推荐系统等方式，帮助用户更快速地找到需要的信息。

2.技术设备更新和维护

挑战：引入先进的科技设备需要不断更新和维护，这可能对图书馆的运营和预算造成一定压力。

对策：制订科技更新计划，合理规划预算，引入可持续性的技术解决方案，确保设备的稳定运行。

3.用户群体差异

挑战：不同年龄、背景的用户对学习空间和信息获取方式有差异，单一设计难以满足所有用户的需求。

对策：通过用户调查、反馈机制等方式，了解不同群体的需求，灵活调整空间布局和服务，提供多样化的学习环境。

4.隐私和安全问题

挑战：引入数字化技术可能涉及到用户隐私和信息安全问题，需要妥善处理用户数据。

对策：严格遵守相关法规，采用安全的网络和设备，建立健全的信息安全体系，为用户提供可信赖的服务。

5.可持续性和环保考虑

挑战：引入大量电子设备和数字化技术可能对环境造成一定影响，不符合可持续性发展的要求。

对策：引入绿色建筑理念，采用能源节约技术，选择可循环材料，推广数字化减纸化，实现可持续发展。

空间设计与信息获取效率密切相关，它不仅关系到图书馆的服务质量，也直接影响用户的学术体验。通过合理的空间布局、科技融入和人性化设计，图书馆可以提高用户信息获取的效率，满足不同用户群体的学术需求。然而，设计与实践中仍然面临诸多挑战，需要不断创新和调整。在数字时代，图书馆不仅仅是书籍的存储场所，更是信息获取与传播的中心，通过科技与设计的合力，将更好地服务于学术社区，推动知识的创新与传承。未来，随着科技的不断发展和用户需求的变化，空间设计与信息获取效率的关系将持续演变，为此，图书馆需要保持敏锐的洞察力，紧跟时代步伐，不断优化服务，为用户提供更智能、高效的学术环境。

四、合作与独立学习区域的平衡

（一）概述

在当今数字化时代，图书馆不再仅仅是传统的书籍存储场所，更成为学术交流、合作研究的中心。在图书馆空间设计中，如何平衡合作与独立学习区域，以满足不同用户的需求，成为一个值得深入研究的问题。以下将通过分析合作学习和独立学习的优势、挑战，以及在图书馆设计中实现两者平衡的最佳实践，以期为图书馆提供可行的空间布局建议。

（二）合作学习与独立学习的特点与优势

1. 合作学习的特点与优势

特点：合作学习强调学生之间的互动和合作，通过小组活动、讨论和团队项目等方式促进知识共享和集体学习。

优势：

提高学生的社交能力和团队协作能力。

促进不同学科和背景的学生之间的交流和合作。

增加学生对问题的多元化理解和解决方案的创造性思考。

2. 独立学习的特点与优势

特点：独立学习侧重个体的自主学习和深度思考，通过阅读、独立研究和个人项目等方式培养学生的自主性和独立性。

优势：

培养学生自我管理、自主学习的能力。

提高学生解决问题的独立性和创造性。

适应不同学科和学术需求的个性化学习。

（三）合作学习与独立学习的挑战

1. 合作学习的挑战

噪音和分心：合作学习区域可能面临噪音问题，影响学生的专注度和效率。

个体差异：学生的学科背景、学习风格和合作能力存在差异，可能导致合作学习效果不一。

管理和协调：管理小组活动、确保每个成员都参与其中是一项复杂的任务。

2. 独立学习的挑战

缺乏互动和反馈：独立学习可能导致学生缺乏与他人的互动，难以获得及时的反馈。

孤立感：长时间的独立学习可能导致学生感到孤立，缺乏学术社交。

缺乏启发和创新：学生在独立学习中可能缺乏来自他人的启发和创新的思维。

（四）图书馆空间设计中的合作与独立学习的融合实践

1. 开放式学习空间

设计理念：设计开放式学习空间，通过灵活的设施布局，既支持合作学习小组的聚集，又为独立学习提供相对安静的个人区域。

实践方法：利用可移动的隔断、可调节高度的桌椅，创造出既可以容纳小组合作，又能够满足独立学习需求的开放空间。在空间中设置合作区和专注区，使学生能够根据自己的学术活动选择合适的区域。

2. 多功能学习区域划分

设计理念：将图书馆划分为多功能区域，包括合作学习区、独立学习区、小组讨论区等，以满足不同学术需求。

实践方法：在图书馆内设立标识明确的多功能学习区域，如合作区域配置白板和投影仪，独立学习区域提供安静的个人学习环境，小组讨论区配置圆桌等，以支持不同类型的学术活动。

3. 数字化资源和智能技术的融入

设计理念：利用数字化资源和智能技术，为学生提供更便捷的学术支持和互动工具，促进合作和独立学习的融合。

实践方法：引入数字图书馆管理系统，通过智能导览系统指引学生找到合适的学习区域，提供在线讨论平台促进合作学习，同时提供个性化的学术推荐服务，支持独立学习。

4.灵活的设施和设备配置

设计理念：选择灵活可调整的设施和设备，以适应不同学术活动的需求，从而实现合作和独立学习的平衡。

实践方法：配置可以移动的桌椅，使学生可以根据需要自由调整学习环境。提供支持小组合作的设备，如投影仪、白板等，同时在独立学习区域提供舒适的个人工作空间。

5.定期举办合作学习和独立学习活动

设计理念：通过组织定期的合作学习和独立学习活动，促使学生在不同模式下进行学术交流和互动。

实践方法：设立图书馆活动日历，包含小组讨论会、合作项目展示、独立研究分享等活动。通过这些活动，学生可以选择参与不同形式的学术互动，既强调合作，又保留了独立学习的空间。

（五）评估与调整机制

1.用户反馈与调查

建立机制：设立用户反馈通道，包括在线反馈表单、面对面的用户调查等，定期收集用户对合作学习和独立学习环境的满意度和建议。

实施：定期分析用户反馈，了解学生对图书馆空间设计的看法。通过收集的数据，进行评估，发现可能存在的问题，并根据反馈进行必要的调整。

2.学术成绩与学科交流分析

建立机制：跟踪学生的学术成绩和参与学科交流的情况，分析学术活动的影响。

实施：通过学术成绩和学科交流数据，评估合作学习和独立学习环境对学术表现的影响。根据分析结果，进行空间设计的调整，以更好地支持学生的学术发展。

3.空间利用率和流量监测

建立机制：利用现代技术，如传感器和监控系统，监测图书馆空间的利用率和人流量。

实施：分析空间利用率和人流量的数据，了解不同区域的热度和使用频率。根据监测结果，调整空间布局，优化图书馆的整体设计。

4.定期空间设计评估小组

建立机制：成立专门的空间设计评估小组，包括图书馆管理人员、设计师、学生代表等，定期进行评估与反馈。

实施：小组成员对图书馆空间进行定期巡检和评估，收集使用反馈，提出改进建议。小组会定期召开会议，讨论评估结果，并制订相应的调整方案。

（六）挑战与对策

1.空间限制问题

挑战：有限的空间可能导致合作和独立学习区域之间的竞争。

对策：制订合理的空间利用计划，优化空间布局，利用多功能设施和灵活隔断，最大化利用有限的空间，确保合作和独立学习区域的平衡。

2.技术设备成本

挑战：引入数字技术和智能设备可能增加图书馆的运营成本。

对策：制订合理的技术设备更新计划，选择成本可控的技术解决方案，充分考虑设备的维护和更新成本。

3.学科差异和需求多样性

挑战：不同学科对合作和独立学习的需求存在差异。

对策：在设计中考虑学科差异，设置专门的学科学习区域，提供不同学科的工具和设备，满足多样化的学术需求。

4.文化和社交障碍

挑战：学生可能因文化和社交差异而在合作学习中遇到障碍。

对策：引入跨文化培训和团队建设活动，促进学生之间的文化理解和社交互动，创造更融洽的学术氛围。

在图书馆空间设计中实现合作与独立学习区域的平衡是一项具有挑战性但至关重要的任务。通过灵活的设计理念、数字技术的融入、定期的评估机制以及对用户反馈的关注，可以实现更为人性化和适应性的学术环境。在设计图书馆空间时，需要综合考虑合作学习和独立学习的特点，以及不同用户群体的需求，通过创新的设计和科技融入，为学生提供更加丰富、灵活的学术空间。

五、空间变革对图书馆的影响

(一)概述

随着社会的不断发展和科技的进步,图书馆作为知识存储和学术交流的场所,也需要不断进行变革以适应时代的需求。空间变革作为图书馆发展的一部分,直接关系到其形象与声誉的塑造。以下将通过深入研究空间变革对图书馆的影响,分析其在形象和声誉方面的变化,以及如何通过空间设计提升图书馆在用户心目中的地位。

(二)空间变革的动机

1. 数字化时代的挑战

挑战:传统图书馆在数字化时代面临着电子资源的竞争,用户更倾向于在线获取信息,传统馆藏的使用率逐渐下降。

动机:空间变革旨在使图书馆更具吸引力,提高用户体验,从而留住现有用户并吸引新的用户群体。

2. 学术交流和社交化需求

挑战:传统图书馆可能显得过于静态,难以满足当代学术交流和社交化学习的需求。

动机:通过空间变革,图书馆力求打造更加开放、交流氛围更加浓厚的空间,促进学术合作和社交交流。

3. 多元化学科和服务需求

挑战:不同学科和用户群体对图书馆的需求多样化,传统布局可能无法满足这些差异化的需求。

动机:空间变革的目标是更灵活地适应不同学科和服务需求,提供多样化的学习环境和资源。

(三)空间变革的实施方法

1. 开放式学习空间设计

设计理念:打破传统的书架隔间,采用开放式的学习空间设计,提供灵活多变的学习环境。

实施方法：布置可移动的设施，提供灵活的布局，引入自习区、小组学习区、交流区等不同功能的空间，以满足用户多样的学习需求。

2. 数字化技术的融入

设计理念：引入现代数字技术，提高图书馆的智能化水平，为用户提供更便捷的信息获取和学术交流工具。

实施方法：设置数字屏幕、智能导览系统、虚拟现实（VR）技术，推动数字资源的利用，提供在线预订、远程学术交流等服务。

3. 社交化学术区域的创设

设计理念：创建社交化学术区域，促使用户更加愿意在图书馆内进行学术互动和合作。

实施方法：设立合作学习区、多功能活动区，组织学术讲座、座谈会等，为用户提供交流的平台，增加图书馆的社交化氛围。

4. 个性化服务与用户体验优化

设计理念：强调个性化服务，使用户感受到更加贴心、专业的服务，提升整体用户体验。

实施方法：制订个性化服务计划，推出定制化的学术推荐服务、专属导航服务，通过用户调查和反馈，不断优化服务品质。

（四）空间变革对图书馆形象的塑造

1. 开放性和创新性的形象

开放性：开放式学习空间和社交化学术区域的引入，使图书馆呈现出更加开放、包容的形象。

创新性：引入数字化技术和智能设备，体现图书馆在科技方面的创新精神。

2. 社区和学术中心的形象

社区：通过举办社交活动、提供社交学术区域，图书馆逐渐发展成为学术社区的中心，强化其社区服务形象。

学术中心：着重提供学术资源和服务，使图书馆成为学术交流和合作的中心。

3. 数字化时代的现代形象

数字化：引入数字技术和智能设备，使图书馆展现出现代化、数字化的形象，适应数字时代的发展趋势。

创新：通过数字化技术的融入，彰显图书馆对创新和科技的敏锐度，塑造其现代学术场所的形象。

4. 多元服务和用户关怀的形象

多元服务：提供多元化的学习环境和服务，体现图书馆致力于满足不同用户需求的形象。

用户关怀：通过个性化服务和用户体验优化，强化图书馆对用户的关心和关爱形象。

（五）空间变革对图书馆声誉的影响

1. 积极影响

用户满意度提升：通过提供更开放、现代、服务周到的学术环境，用户对图书馆的满意度有望得到显著提升。

社会认可度提高：图书馆成为学术社区的中心，社交化学术区域的创设，将使图书馆在社会中的认可度大幅提高。

创新引领者：通过引入数字技术和智能设备，图书馆将被视为创新引领者，进一步提高其在学术界的声誉。

2. 挑战与负面影响

技术问题和维护难题：引入数字化技术可能面临技术问题和维护难题，若处理不当，可能影响图书馆声誉。

社交学术区域管理：社交化学术区域的引入需要细致管理，否则可能导致噪音和秩序混乱，对声誉产生不利影响。

用户适应问题：部分用户可能对空间变革产生抵触情绪，认为新设计不符合他们的习惯，可能影响其对图书馆的评价。

（六）优化图书馆形象与声誉的策略

1. 加强社交区域管理

培训工作人员：为工作人员提供专业的培训，使其能够有效管理社交学术区域，维持良好的秩序。

制定规章制度：设定明确的规章制度，包括噪音管理、活动安排等，让用户清晰了解在社交区域的行为规范。

2. 技术支持和用户培训

提供技术支持：设置专业的技术支持团队，确保数字技术和智能设备的正常运行，减少技术问题对用户体验的影响。

用户培训：提供定期的用户培训活动，让用户更好地适应新引入的数字化技术，增强其使用信心。

3. 建立用户沟通渠道

定期听取反馈：设立用户反馈渠道，定期听取用户对空间变革的反馈，了解用户需求和不满，及时做出调整。

举办用户座谈会：定期组织用户座谈会，与用户直接交流，增进其对图书馆的信任感和满意度。

4. 提升整体服务质量

注重用户体验：不断优化服务流程，确保每一位用户在图书馆内都能获得良好的体验。

强化个性化服务：根据用户需求提供更个性化的服务，让用户感受到图书馆的关心和关爱。

空间变革对图书馆形象与声誉的影响是一个综合性的过程，需要充分考虑用户需求、科技发展和社会环境的变化。通过引入开放式学习空间、数字技术、社交学术区域等现代元素，图书馆可以在形象和声誉方面取得积极的影响。然而，空间变革也伴随着一些挑战，如技术问题、用户适应问题等，需要图书馆在实施过程中采取相应的策略来解决和化解。通过加强管理、提供技术支持、建立用户沟通渠道和不断提升服务质量，图书馆可以最大化地发挥空间变革的积极影响，使其形象更加现代化、用户满意度更高，从而在学术界和社会保持良好的声誉。

随着科技的不断发展和社会需求的变化，图书馆应保持敏锐的洞察力，不断调整和优化空间设计，以适应时代的潮流。数字化时代要求图书馆不仅仅是书籍的仓库，更是信息的枢纽和学术交流的平台。通过巧妙的空间变革，图书馆可以实现形象与声誉的双赢，成为现代学术和社交的中心，服务于广大用户群体。

在未来，图书馆还可以进一步探索新的空间设计理念，整合虚拟现实、增强现实等技术，创造更为沉浸式的学术体验。同时，加强与其他学术机构、社区组织的合作，构建更为立体化的学术生态系统，以更好地满足用户多元化的学术和社交需求。

通过持续改进和创新，图书馆将能够在空间变革中不断提升其形象与声誉，为用户提供更为优质、多元化的学术服务，助力其在数字时代的长期发展。空间变革不仅仅是图书馆的内在需求，更是其不断迎接未来挑战的重要策略之一。

第二节　舒适性与便利性的平衡

一、图书馆舒适性环境的评估指标

（一）概述

图书馆作为学术和文化交流的场所，其舒适性环境对用户体验和学术氛围的形成具有重要影响。评估图书馆舒适性环境的指标涉及多个方面，从空气质量到照明、从噪声到设施设计，需要全面而系统的考虑。本书将深入研究这些评估指标，以期为图书馆提供提升舒适性环境的实际操作建议。

（二）空气质量指标

1. 氧气浓度

指标描述：衡量空气中氧气的浓度，直接影响用户的清醒度和注意力集中度。

评估方法：使用空气质量检测仪器定期检测氧气浓度，确保在良好范围内。

2. 二氧化碳浓度

指标描述：衡量空气中二氧化碳的浓度，高浓度可能导致头晕、注意力不集中。

评估方法：定期检测二氧化碳浓度，保持在舒适的范围内。

3. 通风系统效能

指标描述：评估图书馆的通风系统是否有效，确保新鲜空气充分流通。

评估方法：检查通风系统的运行状况，修复漏风口，定期清理过滤器。

（三）照明指标

1. 自然光照度

指标描述：衡量图书馆内自然光的强度，对用户的视觉健康和舒适感产生直接影响。

评估方法：使用光照度计测量自然光照的强度，确保达到标准。

2. 人工照明光源

指标描述：评估人工照明光源的亮度和色温，确保光线柔和、舒适。

评估方法：使用照明测量仪器检测人工照明的亮度和色温，进行必要的调整。

3. 照明设计布局

指标描述：评估图书馆的照明设计布局是否合理，避免出现阴影和反光问题。

评估方法：定期检查照明系统的布局，优化光源的摆放位置，确保整体照明均匀。

（四）噪声指标

1. 环境噪声水平

指标描述：评估图书馆内环境噪声水平，包括来自交通、空调、人声等。

评估方法：使用噪声测量仪器监测图书馆内的噪声水平，进行必要的隔音设计。

2. 静音区域设置

指标描述：评估是否设有专门的静音区域，提供给需要安静学习环境的用户。

评估方法：检查图书馆内是否设有标识并有明确规定的静音区域，用户反馈是否满意。

3. 噪声管理策略

指标描述：评估图书馆是否有噪声管理策略，包括设置合理的隔音设施和规定噪声产生的限制。

评估方法：定期评估噪声管理策略的实施效果，根据用户反馈进行调整。

（五）设施设计指标

1. 座椅舒适度

指标描述：评估座椅的舒适度，包括坐垫和靠背的设计。

评估方法：进行用户调查，了解用户对座椅舒适度的感受，根据反馈进行更新。

2. 桌面高度和设计

指标描述：评估桌面的高度和设计，确保适合不同身高的用户，并提供足够的工作空间。

评估方法：测量桌面的高度，进行用户满意度调查，根据需求进行调整。

3. 工作区域布局

指标描述：评估工作区域的布局，包括书架、桌椅等的摆放位置，确保合理利用空间。

评估方法：定期检查工作区域的布局，收集用户意见，进行合理调整。

（六）主观感受指标

1. 用户满意度调查

指标描述：通过定期的用户满意度调查，了解用户对图书馆舒适性环境的整体感受。

评估方法：设计问卷或进行面对面访谈，收集用户的看法、建议和投诉，作为改进的依据。

2. 用户体验设计评估

指标描述：评估图书馆的用户体验设计，包括导航系统、信息服务、便捷性等方面。

评估方法：进行用户体验设计评估，关注用户在图书馆中的实际使用情况，发现潜在问题并提出优化建议。

3. 用户行为观察

指标描述：通过观察用户在图书馆中的行为，了解他们对环境的适应程度和满意度。

评估方法：进行定期的用户行为观察，借助摄像头等工具记录用户的活动，分析用户行为数据。

（七）综合评估与改进策略

1. 综合评估方法

指标整合：将以上各项指标进行整合，建立图书馆舒适性环境的综合评估体系。

数据分析：利用收集到的数据，进行定量和定性分析，综合各方面评估结果。

2. 改进策略

基于用户反馈：根据用户满意度调查和意见反馈，制定具体的改进策略，优化图书馆环境。

技术更新：针对存在的问题，考虑引入新的技术手段，如智能化系统，提升舒适性和便捷性。

3. 定期更新与迭代

更新评估体系：随着技术和社会的变化，不断更新评估体系，确保评估指标与实际需求保持一致。

设施升级：根据评估结果，定期进行图书馆设施的升级和改进，保持与时俱进。

评估图书馆舒适性环境的指标是一个系统而综合的过程，需要充分考虑空气质量、照明、噪声、设施设计以及用户的主观感受等多个方面。通过建立科学合理的评估体系，图书馆能够更好地了解和满足用户的需求，提升整体服务质量和用户满意度。

在未来，随着科技的发展和社会需求的变化，图书馆舒适性环境的评估将需要不断创新和更新。引入智能化系统、虚拟现实技术等，将为图书馆提供更多的改进和升级空间。通过持续改进和优化，图书馆将能够成为学术研究和文化交流的理想场所，为用户提供更加舒适、便捷的学术环境。

二、设施与服务的便利性与可及性

（一）概述

设施与服务的便利性与可及性是图书馆提供有效服务的核心要素。用户能否方便地获取所需资源，服务是否能够迅速响应用户需求，直接影响了图书馆在用户心目中的形象和地位。因此，本书将从设施布局、服务提供和技术应用等多个方面深入探讨，以期为图书馆提供更具便利性与可及性的服务。

（二）设施布局与可用性

1. 空间设计与布局

开放式空间设计：采用更加开放式的布局，避免狭窄的通道和拥挤的区域，提高整体空间感。

灵活性：设施布局需要考虑灵活性，可以根据不同需求调整空间划分，满足不同用户的学习和交流要求。

2. 设备与工具的合理配置

工作站配置：配置符合人体工程学的工作站，包括舒适的椅子、调节式桌面等，提供用户良好的工作环境。

多功能设备：提供多功能设备，如打印机、扫描仪等，方便用户进行资料整理和复制。

3. 易获得的资源位置标识

明示标识：在图书馆内设置明示标识，指引用户轻松找到所需资源的位置，提高资源获取的效率。

数字导览系统：利用数字导览系统，通过电子屏幕或手机 APP 等方式，为用户提供详尽的馆内资源位置信息。

（三）服务提供与效率

1. 个性化服务

用户咨询服务：设置专业的用户咨询台，提供个性化的咨询服务，解答用户疑问。

定制服务计划：针对不同用户群体，制订个性化的服务计划，满足其特定需求。

2. 数字化服务

在线预约服务：提供图书馆资源的在线预约服务，减少用户在寻找资源上的等待时间。

数字资源平台：建设数字资源平台，用户可以在线获取电子书籍、学术论文等，提高服务效率。

3. 社交化服务平台

社交媒体互动：利用社交媒体平台与用户进行互动，回应用户的反馈和建议，增进与用户的沟通。

在线社区：创建图书馆在线社区，用户可在此分享学术心得、提出问题，促进学术交流。

（四）技术应用与创新

1. 智能化系统

自动借还系统：引入自动借还系统，用户可以更便捷地完成借还图书的操作。

智能导览系统：利用智能导览系统，为用户提供室内导航，指引其快速找到所需资源。

2. 虚拟现实和增强现实技术

虚拟参观：利用虚拟现实技术，提供图书馆虚拟参观服务，让用户在未到场的情况下了解馆内设施。

增强现实引导：利用增强现实技术，为用户提供图书馆资源的增强现实引导，使其更容易找到目标。

3. 大数据分析与预测服务

用户行为分析：运用大数据分析用户行为，了解用户需求，优化服务布局和资源配置。

预测服务需求：利用大数据技术预测服务需求高峰，合理安排服务人员和资源，提高服务的响应速度。

（五）可持续性发展与可访问性

1. 可持续性发展

环保设施：选择环保材料和设施，通过绿色能源和节能设备，降低对环境的影响。

数字化替代纸质：推广数字化资源，减少纸质文献的使用，推动图书馆向可持续性发展的方向发展。

2. 可访问性

残疾人友好设施：设立无障碍通道、轮椅可及区域等，确保残疾人士能够方便进出和使用图书馆。

多语言服务：提供多语言服务，满足不同语言用户的需求，提高图书馆的可访问性。

（六）用户反馈与持续改进

1. 定期用户满意度调查

问卷调查：定期进行用户满意度调查，收集用户的意见和建议，了解他们对图书馆设施与服务的评价。

面对面反馈：开展面对面的用户座谈会，直接听取用户的意见，深入了解用户需求。

2. 持续改进策略

建立改进机制：建立持续改进机制，及时响应用户反馈，制订改进计划。

优化服务流程：不断优化服务流程，提高服务效率，确保用户体验的不断提升。

图书馆设施与服务的便利性与可及性直接关系到用户体验和图书馆的服务水平。通过合理的设施布局、提高服务效率、引入先进技术和不断改进机制，图书馆能够不断优化用户体验，提升服务水平。同时，图书馆还需关注可持续性发展和可访问性，使其服务更具社会责任感。通过持续的用户反馈和改进策略，图书馆将能够不断适应社会发展的需求，为用户提供更加便利、高效、可访问的学术服务。在数字化时代，图书馆将在不断创新中继续发挥其重要作用。

三、空调与采光对空间舒适性的影响

(一)概述

空调与采光是影响室内空间舒适性的两个重要因素。在图书馆等公共场所,提供良好的室内环境是保障用户学习和工作效率的关键。本节将深入探讨空调和采光对空间舒适性的影响,以期为图书馆等场所提供科学合理的温度和光照管理策略。

(二)空调系统与舒适性

1. 温度调控的重要性

用户偏好:不同人群对室内温度有不同的偏好,理解用户的需求是温度调控的首要任务。

舒适温度范围:根据舒适性研究,大多数人认为在摄氏 22℃~25℃之间的温度范围内感觉最为舒适。

2. 温度控制技术

智能空调系统:引入智能空调系统,通过感应器实时监测室内温度,自动调整空调工作模式,提供更加精准的温度控制。

分区空调:采用分区空调系统,使不同区域的温度可以独立调控,满足不同用户的需求。

3. 湿度调节

湿度影响:恰当的湿度可以减轻室内干燥或潮湿对用户的不适感,提高整体空间舒适性。

空气净化系统:结合空调系统引入空气净化设备,提高室内空气质量,创造更为宜人的学习环境。

(三)采光系统与空间舒适性

1. 光照对人体生理的影响

生物钟调节:光照可以调节人体的生物钟,影响人的觉醒和睡眠周期,因此合理的光照管理对于用户的学习效果至关重要。

心理健康：足够的自然光照有助于提高用户的心理状态，减轻学习压力。

2. 采光设计原则

自然采光：优先采用自然光照，通过合理的窗户设计和窗帘选择，确保自然光均匀分布在整个室内。

防眩光设计：避免强烈的阳光直射，采用遮光设备或调节窗帘，减轻眩光对用户视觉的影响。

3. 人工照明系统

LED 照明：使用 LED 照明系统，能够提供舒适的光线，并且具有调光功能，满足不同用户对光照强度的需求。

光色温调节：光色温调节技术可以模拟自然光的变化，创造出更具舒适感的光照环境。

（四）空调与采光的协调与整合

1. 整合智能系统

智能集成：将空调系统和采光系统整合到智能化系统中，实现联动控制，提高能效。

用户自定义设置：允许用户根据个人喜好进行空调和采光系统的自定义设置，增强用户对环境的控制感。

2. 能效与环保

能效优化：通过智能控制和能效优化技术，减少能耗，提高系统效率。

环保材料：选择环保材料和技术，降低空调和采光系统的环境影响。

（五）实际应用与案例分析

以某大型图书馆为例，该图书馆在改建中采用了智能温控系统和自然采光设计。通过建筑结构的调整，引入智能感应器和智能窗户，实现了空调和采光系统的智能控制。用户可以通过手机 APP 进行个性化的温度和光照设置，极大地提高了用户体验。与此同时，系统的能效优化也降低了能源消耗，实现了环保和可持续性发展。

(六)用户体验与反馈

1. 用户满意度调查

定期问卷：定期进行用户满意度调查，了解用户对空调和采光系统的满意度。

面对面反馈：举办用户座谈会，直接听取用户意见，为改进提供实质性建议。

2. 用户体验观察

行为观察：通过观察用户在图书馆内的行为，了解他们在不同温度和光照条件下的学习状态。

用户反馈：搜集用户对空调和采光系统的主观感受，包括舒适度、视觉感受等方面的意见。

(七)改进策略与可持续发展

1. 技术升级与更新

定期检查维护：确保空调和采光系统的正常运行，定期检查设备，及时进行维护。

引入新技术：随着科技的发展，考虑引入新的温控和采光技术，提高系统智能化水平。

2. 用户参与与教育

用户培训：提供有关空调和采光系统使用的培训，使用户更好地理解系统的功能和调节方式。

用户参与设计：在空调和采光系统的设计和改进过程中，征求用户的意见，确保系统更符合用户的需求。

3. 绿色建筑标准

符合标准：遵循绿色建筑标准，选择符合环保要求的空调和采光设备。

可持续发展：在设计和改建中考虑可持续发展原则，使空调和采光系统更环保、更能源高效。

空调和采光是影响空间舒适性的两个重要因素，在图书馆等公共场所中具有特殊的意义。通过科学合理的温度调控和光照管理，可以提高用户的学习和工作效率，创造更好的学习氛围。空调和采光系统的整合与协调，以及对用户体验的关注，是提升空间舒适性的关键。

未来，随着科技的不断发展，空调和采光系统将迎来更多创新。智能化、可持续性和用户参与将成为未来空间舒适性设计的重要趋势。通过不断优化技术，引入先进的智能系统，加强用户培训和参与，图书馆等场所将能够提供更加智能、舒适、可持续的学习和工作环境。

四、科技设备的舒适性整合

（一）概述

科技设备的广泛应用已经成为提升公共场所服务水平的关键因素之一。在图书馆等学习场所，科技设备的舒适性整合不仅关系到用户体验，还直接影响到学习和工作的效率。本节将深入研究不同科技设备的应用，以及如何整合它们以创造更加舒适的学习环境。

（二）智能学习设备的应用

1. 个人电子设备

笔记本电脑：作为学习和研究的主要工具之一，笔记本电脑给人们提供了便捷的信息获取和处理方式。

平板电脑：轻便易携，适用于阅读、注释和在线学习。

2. 智能笔记本与电子书阅读器

智能笔记本：具备数字化的书写和绘图功能，方便用户在学习中进行实时记录和创作。

电子书阅读器：提供舒适的阅读体验，可以随时随地获取图书馆的电子资源。

（三）虚拟现实与增强现实技术的整合

1. 虚拟实验室和实地考察

虚拟实验室：利用 VR 技术，学生可以进行实验操作，提升实验教学的灵活性和安全性。

实地考察模拟：使用 AR 技术模拟实地考察，让用户在图书馆中也能体验到实地的学习感觉。

2.AR 导览系统

图书馆导览：通过 AR 技术，用户可以在图书馆中获得实时的导航和图书定位，提高检索效率。

文献检索辅助：利用 AR 技术，用户可以通过扫描书架上的书籍，获取相关文献的详细信息。

（四）智能化学习辅助工具

1. 语音助手和智能语音搜索

语音助手：提供语音交互方式，方便用户进行查询、制定日程等操作。

语音搜索：利用智能语音搜索技术，用户可以通过语音快速获取所需信息。

2. 智能化学习管理系统

个性化学习路径：根据用户的学科兴趣和学习进度，定制个性化的学习路径和推荐资料。

学习进度跟踪：帮助用户追踪学习进度，提供反馈和建议，促进学术成长。

（五）智能化座椅和工作环境

1. 智能化座椅设计

调整支持：座椅设计可以通过传感器调整支持，提供符合人体工学的座椅体验。

智能加热和冷却：提供智能化的座椅加热和冷却功能，适应不同季节和用户需求。

2. 智能照明和环境控制

自适应照明系统：根据自然光照变化调整室内照明，减少眼部疲劳。

温湿度控制：通过智能化系统调整室内温湿度，创造更为舒适的学习环境。

（六）数据安全与隐私保护

1. 智能设备数据安全

加密技术：采用先进的加密技术，保护用户在智能设备上的个人信息和学术数据。

权限管理：设计智能设备的权限管理系统，确保用户数据仅在合适的情境下被访问。

2.用户隐私保护

透明隐私政策：向用户提供透明的隐私政策，明确智能设备收集、存储和使用用户数据的目的。

用户控制权：提供用户对智能设备数据的控制权，允许用户选择分享或保留特定的信息。

（七）用户体验与反馈机制

1.用户满意度调查

定期问卷：定期进行用户满意度调查，了解用户对智能设备整合的满意度和建议。

用户座谈：通过面对面的用户座谈会，深入了解用户的实际使用体验和需求。

2.用户参与设计

用户测试小组：邀请用户参与智能设备整合的测试小组，以获得实际使用中的反馈，为系统的改进提供有力依据。

用户反馈平台：建立在线用户反馈平台，让用户能够随时提出问题、分享意见，促进用户与开发团队的沟通。

（八）可持续发展与未来展望

1.绿色技术整合

能源效率：采用节能技术，提高智能设备的能源效率，减少对环境的影响。

环保材料：在智能设备的制造中使用环保材料，推动绿色科技发展。

2.生态系统整合

多设备互联：实现不同智能设备的互联，形成更为智能、协同的学习和工作生态系统。

跨平台适配：确保智能设备在不同平台上的兼容性，提高用户的使用便利性。

3.人机交互的未来发展

情感识别技术：引入情感识别技术，使智能设备更加智能化，能够理解和适应用户的情感需求。

脑机接口：推动脑机接口技术的发展，实现更为直观和高效的人机交互方式。

科技设备的舒适性整合对于提升公共场所的服务水平和用户体验至关重要。通过合理整合各类智能设备，可以为用户提供更加个性化、智能化的学习环境。然而，为了确保用户体验的提升，需要关注数据安全、隐私保护等重要问题，并通过用户反馈机制不断改进系统。随着科技的不断进步，智能化学习环境的未来发展将更加智能、生态化，为用户提供更为优越的学习和工作体验。在这个不断演进的过程中，保持可持续发展和用户参与将是关键的因素。

五、舒适性改善措施的实施与效果评估

（一）概述

提高公共场所的舒适性是为了更好地满足用户需求，提高服务水平。而实施舒适性改善措施需要系统性的规划和科学合理的评估。本节将深入研究在公共场所实施舒适性改善措施的方法，并通过效果评估，为未来改进提供参考。

（二）舒适性改善措施的实施

1. 空间布局和设计

合理布局：调整空间布局，确保不同区域的功能互补，提高整体空间的利用率。

人性化设计：引入人性化设计元素，如舒适的座椅、良好的照明等，提高用户在空间中的舒适感。

2. 温度和湿度调控

智能温控系统：引入智能温控系统，通过传感器实时监测室内温度，实现自动调节，提供更为舒适的学习环境。

湿度调控：保持适宜的湿度水平，通过空气调节系统提高室内空气质量，降低干燥或潮湿对用户的不适感。

3. 光照管理

自然光利用：最大限度地利用自然光，通过合理设计窗户和窗帘，确保光线

的均匀分布。

智能照明系统：引入智能照明系统，根据室内光照情况自动调整照明亮度，提高能效和用户体验。

4. 噪声控制

隔音材料：在公共场所采用隔音材料，减缓噪声传播，创造相对安静的学习环境。

静音设备：更新设备，选择静音性能更好的设备，减少噪声对用户的干扰。

5. 舒适的座椅和工作台

人体工学设计：选择符合人体工学的座椅和工作台，减轻用户在长时间学习或工作时的疲劳感。

可调节性：提供可调节的座椅和工作台，满足不同用户的个性化需求，提高舒适性。

（三）效果评估方法

1. 用户满意度调查

问卷设计：设计问卷，包括对空间布局、温度、光照、噪声、座椅和工作台等多个方面的评价，以获取用户满意度反馈。

定期实施：定期进行用户满意度调查，观察用户对改善措施的感受，并了解他们的需求。

2. 学习效率评估

学业成绩：分析学生的学业成绩，观察舒适性改善措施对学术表现的影响。

学习行为：通过学生的学习行为，如学习时间、借阅图书数量等，评估改善措施对学习积极性的激发。

3. 工作效率评估

工作产出：对于工作场所，可以通过工作产出来评估舒适性改善对工作效率的影响。

工作满意度：通过员工的工作满意度调查，了解改善措施对员工工作体验的实际影响。

4. 环境监测数据

传感器监测：在改善后的空间中部署传感器，实时监测温度、湿度、光照和噪声等环境参数。

数据分析：利用监测数据进行分析，评估改善措施的实际效果，发现潜在问题并进行调整。

（四）改善措施的实际效果评估

1. 用户满意度提升

调查结果：用户满意度调查显示，改善后的空间得到了更高的评价，用户对空间舒适性的满意度提升显著。

用户反馈：用户反馈中表达了对空间布局、温度、光照等方面的肯定，强调了改善措施的实际效果。

2. 学习效率提高

学业成绩：学生成绩的整体提高反映了改善措施对学习效果的积极影响。改善后的学习环境使学生更容易集中注意力、保持学习动力，有助于更高效地完成学业任务。

学习行为：学生在改善后的环境中表现出更长时间的学习持续性，借阅图书和使用学习设备的频率也有所增加。这反映了改善措施激发了学生更积极的学习行为。

3. 工作效率提升

工作产出：在工作场所，员工的工作产出有了明显提升。改善的空间设计使得员工更舒适地进行工作，减少了工作中的干扰因素，有助于提高工作效率。

工作满意度：员工的工作满意度得到了明显的提升，体现在他们更愿意留在工作场所进行工作，表现出更积极的工作态度。

4. 环境监测数据分析

温度与湿度：环境监测数据显示改善后的空间温度和湿度在舒适范围内，符合用户的偏好。

光照与噪声：光照和噪声的监测数据表明改善措施在维持良好学习环境方面取得了良好效果，学习区域的光照均匀，噪声水平相对较低。

（五）改进策略与未来展望

1.用户反馈循环机制

定期听取用户意见：设立定期听取用户意见的机制，以及时获取用户对舒适性改善措施的反馈。

快速调整：对于用户的建议和意见，及时进行调整和改进，确保改善措施始终符合用户需求。

2.新科技的引入

智能化管理系统：引入更先进的智能化管理系统，通过数据分析和智能反馈，实现更加精准的空间管理和维护。

虚拟仿真技术：运用虚拟仿真技术，提前模拟改善措施的效果，减少改进措施实施前的不确定性。

3.绿色技术的应用

环保材料选择：在改善措施中选择环保材料，降低室内空气污染，提升整体环境质量。

能源节约：进一步优化温控系统和照明系统，采用更为节能的技术，推动绿色技术在改善中的应用。

4.可持续评估体系的建立

长期效果评估：建立长期的改善效果评估体系，通过多个周期的数据比对，更全面地了解改善措施的长期效果。

社会影响评估：除了用户满意度和工作效率，还考虑改善措施对社区和环境的整体影响，实现更为全面的可持续评估。

舒适性改善措施的实施和效果评估是提高公共场所服务水平的关键步骤。通过科学的方法，包括用户满意度调查、学习效率评估、环境监测等，可以更好地了解改善措施的实际效果。实时获取用户反馈、及时调整措施、引入新科技和绿色技术，都将为提高公共场所的舒适性水平提供有益的经验和启示。随着可持续评估体系的建立，舒适性改善将更加系统化和长效，为用户提供更优质的学习和工作环境。

第三节　科技融合的阅读空间设计

一、虚拟现实技术在空间设计中的应用

（一）概述

虚拟现实（VR）技术作为一种先进的交互式模拟技术，已经在各行各业广泛应用。在空间设计领域，VR 技术为设计师提供了全新的工具和途径，使其能够更直观、更高效地进行设计与展示。本节将深入研究虚拟现实技术在空间设计中的应用，以期为设计领域的专业人士提供有益的信息和启示。

（二）虚拟现实技术概述

1. 基本原理

感知技术：利用头戴式显示器、手柄等设备，通过追踪用户的头部和手部运动，使用户能够沉浸式地感知虚拟环境。

模拟技术：通过计算机生成的三维图形和场景，模拟真实世界或虚构的环境，使用户感觉仿佛置身其中。

2. 发展现状

硬件技术：头戴式显示器、手柄、追踪设备等硬件不断更新，提高虚拟现实体验的质量和逼真度。

软件技术：各种虚拟现实应用程序和开发平台层出不穷，为不同领域的需求提供了多样化的解决方案。

云服务：云端计算和存储技术的发展使得虚拟现实可以更轻松地实现大规模、高质量的场景和交互。

（三）虚拟现实技术在空间设计中的应用

1. 设计创意与沟通

沉浸式体验：利用虚拟现实技术，设计师可以亲身体验设计方案，更好地了

解空间布局、材料选择等方面的效果。

远程协作：设计师和客户可以通过虚拟现实平台实现远程协作，即便身处不同地点，也能共同参与设计决策过程。

2. 空间规划与布局

虚拟模型建立：利用虚拟现实技术，可以轻松建立三维空间模型，包括建筑结构、设施摆放等，以更全面、直观地展现设计方案。

场景漫游：设计师和用户可以通过虚拟现实眼镜在设计的空间中自由漫游，感受空间的氛围和流线，提前体验设计效果。

3. 材料选择与质感感知

虚拟材料展示：利用虚拟现实技术，设计师可以展示各种材料的效果，包括颜色、质地、光泽等，使客户更好地理解设计的材料选择。

触感模拟：部分虚拟现实系统配备触觉反馈设备，模拟不同材料的触感，增强用户对材料的感知。

4. 用户参与与反馈

虚拟空间体验：用户可以通过虚拟现实平台在设计完成前就亲身体验空间，提供更直观、深入的反馈。

实时修改与交流：基于虚拟现实的设计平台允许实时修改设计方案，并在沉浸式的虚拟环境中与客户进行即时交流。

（四）虚拟现实技术的优势与挑战

1. 优势

实时沉浸体验：提供高度沉浸式的设计体验，使设计师和用户能够更全面地理解和感知设计方案。

远程协作便利：跨地域的设计师和客户可以通过虚拟现实平台实现高效协作，降低沟通成本。

2. 挑战

硬件成本：高质量的虚拟现实硬件设备相对昂贵，可能成为一些设计团队和客户的经济负担。

学习曲线：对一些不熟悉虚拟现实技术的设计师和用户来说，需要花费一定时间适应和掌握相关操作。

（五）未来展望与发展方向

1. 技术发展方向

更高分辨率的显示器：提高虚拟现实设备的分辨率，增强虚拟场景的逼真感。

更智能的交互方式：引入更先进的手势识别、语音识别等交互方式，使虚拟现实体验更加智能化和自然化。

增强现实融合：将虚拟现实与增强现实技术相结合，实现虚拟与现实的深度融合，提升用户体验。

2. 应用拓展方向

教育培训：利用虚拟现实技术进行空间设计的培训和教育，使学生能够在虚拟环境中实践和学习。

医疗治疗：在医疗领域应用虚拟现实技术，提供舒适的治疗环境，辅助心理治疗等。

3. 社会影响与可持续发展

可视化决策支持：将虚拟现实技术应用于城市规划和建筑设计中，为决策者提供更直观的可视化数据，促进可持续发展。

文化遗产保护：利用虚拟现实技术保存和展示文化遗产，提高人们对历史文化的认知和保护意识。

虚拟现实技术在空间设计领域的应用为设计师和用户提供了前所未有的体验和工具。通过实现沉浸式、互动性的设计体验，虚拟现实技术促进了设计师更创造性、更高效地工作，并为用户提供了更直观的空间感知和参与感。然而，虽然虚拟现实技术在空间设计中取得了显著的成就，但仍然面临一些挑战，如硬件成本和学习曲线。未来，随着技术的不断发展和应用场景的拓展，虚拟现实技术有望在空间设计领域发挥更为广泛和深远的作用。

设计师和相关专业人士可以通过不断学习和掌握虚拟现实技术，灵活运用于实际项目中。同时，行业内需要进一步推动虚拟现实技术的研发和创新，以解决硬件成本、用户体验等方面的问题。随着虚拟现实技术的逐步成熟，其在空间设计领域的应用将更加深入，为设计行业带来新的可能性和发展机遇。

二、智能化设备与空间互动体验

（一）概述

随着科技的迅速发展，智能化设备在我们的日常生活中扮演着越来越重要的角色。这些设备通过集成传感器、人工智能等技术，使得空间变得更加智能、互动。本节将探讨智能化设备如何与空间相互作用，创造出更智能、便捷、有趣的空间互动体验。

（二）智能化设备的基本原理

1. 感知技术

传感器技术：包括摄像头、红外线传感器、声音传感器等，用于感知环境中的各种信息。

运动追踪技术：通过加速度计、陀螺仪等传感器，实现对设备和用户运动的追踪。

2. 数据处理与人工智能

数据分析：将从传感器获得的数据进行处理和分析，提取有用的信息。

机器学习：通过训练模型，使设备能够学习和适应用户的习惯和需求。

3. 互联互通技术

物联网技术：通过物联网连接各种智能设备，实现彼此之间的信息传递和协同工作。

无线通信技术：包括 Wi-Fi、蓝牙等，实现设备与用户、设备与设备之间的无线连接。

（三）智能化设备在商业空间中的应用

1. 智能零售系统

智能支付：利用人脸识别和无感支付技术，提升购物结账的效率。

智能推荐系统：通过用户的购物历史和喜好，推荐个性化的商品。

2. 智能办公环境

智能办公设施：如可调节高度的智能桌椅，提高员工的工作舒适度。

智能会议系统：通过语音识别和图像识别，提高会议效率。

3. 智能展览与体验空间

增强现实展示：利用增强现实技术，实现虚拟产品展示，吸引观众的注意。

交互式体验：通过触摸屏、手势识别等技术，使观众能够参与到展览体验中。

（四）智能化设备对空间互动体验的影响

1. 提升用户体验

个性化服务：智能化设备通过学习用户的偏好和习惯，为用户提供更个性化的服务和体验。

互动性增强：用户可以通过语音、手势等方式与设备进行更直接的互动，提高用户参与感。

2. 提高效率和便捷性

自动化控制：智能化设备能够自动感知环境变化，并做出相应的调整，提高空间管理的效率。

远程控制：用户可以通过手机等远程设备，随时随地对智能设备进行控制，提高使用的便捷性。

3. 创造更有趣的体验

虚拟互动游戏：利用虚拟现实和增强现实技术，创造更具创意和趣味性的空间互动游戏体验。例如，在商业空间中，可以通过 AR 技术实现与产品的互动游戏，激发用户的兴趣和参与度。

4. 促进创新和设计

数据分析支持：智能化设备收集的大量数据可用于分析用户行为、偏好等，为商家和设计师提供有价值的市场洞察。

定制化设计：基于用户的个性化需求，设计师可以借助智能化设备实现更精准的定制化设计，提升设计的创新性和用户满意度。

（五）智能化设备的未来发展趋势

1. 更智能的人机交互

脑机接口技术：通过脑波识别等技术，实现更直接的人机交互，进一步提升用户体验。

情感识别技术：智能设备能够更准确地识别用户的情感，以更贴近用户需求的方式提供服务。

2. 物联网的深度融合

智能家居与智能城市的连接：将智能设备扩展到整个城市空间，实现智能家居与智能城市的紧密连接，提升城市生活质量。

车联网的发展：智能交通工具的普及将进一步改变城市空间的互动体验。

3. 增强现实与虚拟现实的结合

AR 与 VR 的融合：将增强现实与虚拟现实技术相结合，创造更丰富、更真实的空间互动体验。

空间仿真技术：利用虚拟技术模拟不同空间场景，提前体验和调整设计方案。

4. 更注重用户隐私与安全

数据加密技术：加强对智能设备产生的数据的加密和保护，保障用户隐私安全。

权限控制：用户对智能设备的权限应更加可控，以防止滥用和侵犯隐私。

智能化设备已经深刻影响了我们的生活和工作空间，为用户提供更智能、便捷、有趣的互动体验。从家庭空间到商业空间，智能化设备的应用范围越来越广泛，引领了空间设计和用户体验的新潮流。

随着科技的不断进步，智能化设备将继续发展，未来有望更加智能、人性化。脑机接口、情感识别、物联网的深度融合等技术的应用，将进一步提升智能化设备的交互性和用户体验。同时，智能化设备的未来发展也需要更加注重用户隐私与安全的问题，推动相关法规和标准的制定和完善。

在设计和使用智能化设备时，注重用户体验的设计原则是至关重要的。通过创新设计、个性化服务，智能化设备可以更好地融入用户的生活，为用户创造更加智能、舒适、安全的空间体验。

三、空间智能化对图书馆运营效率的提升

（一）概述

随着科技的飞速发展，图书馆作为知识服务的中心，也在不断探索如何应用新技术提高运营效率，提供更优质的服务。空间智能化技术作为现代科技的代表之一，通过整合感知、数据分析、人工智能等技术，为图书馆运营带来了新的可能性。本节将深入探讨空间智能化对图书馆运营效率的提升，并分析其在服务、管理和用户体验方面的实际应用。

（二）空间智能化技术的基本原理

1. 感知技术

传感器技术：利用各类传感器感知环境信息，包括温度、湿度、光照等，为图书馆提供实时的环境数据。

RFID 技术：利用射频识别技术对图书和设备进行智能识别，实现自动化的图书管理。

数据分析与人工智能

大数据分析：对图书馆内大量数据进行分析，从中提取有用的信息，为决策提供依据。

机器学习：通过对用户行为的学习，优化服务和资源分配。

2. 自动化与智能控制

自动化设备：包括自动借还书机、自动分类系统等，减轻工作人员负担，提高操作效率。

智能控制系统：对照明、空调等设备进行智能化控制，实现能耗的优化。

（三）空间智能化在图书馆中的应用

1. 图书馆服务的智能化升级

自助借还书系统：用户可以通过自助借还书机完成借还书流程，提高借阅效率，节省用户时间。

智能导航服务：利用室内导航技术，为用户提供图书馆内部的导航服务，帮

助用户更快地找到目标位置。

2. 智能化的馆藏管理

RFID 技术的应用：利用 RFID 标签对图书进行智能化管理，实现自动化的馆藏盘点，提高馆藏管理效率。

图书分类与推荐系统：基于用户借阅历史和兴趣，利用智能算法进行图书分类和推荐，提高用户满意度。

3. 空间利用效率的提升

座位管理系统：利用传感器监测座位的使用情况，实现座位的智能分配和管理，提高空间利用效率。

智能预约系统：用户可以通过手机应用预约图书馆的座位、会议室等资源，减少资源浪费。

4. 智能化的学习环境

智能照明与环境控制：利用传感器实时监测环境条件，智能调节照明和空调，为用户提供更舒适的学习环境。

虚拟图书馆体验：利用虚拟现实技术，为用户提供虚拟图书馆体验，扩展图书馆的服务形态。

（四）空间智能化对图书馆运营效率的影响

1. 提高服务效率

自助服务设备的引入：自助借还书系统、自助查询终端等设备的使用，减轻了工作人员的负担，提高了借还书的效率。

智能导航系统：用户通过智能导航更迅速地找到目标书籍或服务区域，减少了用户的等待时间。

2. 提升图书馆管理效能

自动化馆藏盘点：利用 RFID 技术进行馆藏盘点，减少了人工盘点的时间和劳动力成本。

数据分析支持决策：大数据分析技术为图书馆提供了深入的数据洞察，帮助管理层做出更科学、更有效的运营决策。

3. 优化空间利用和资源分配

座位管理系统：实时监测座位使用情况，通过智能分配座位，提高了图书馆空间的利用效率。

智能预约系统：用户可以提前预约资源，避免了资源过度占用或浪费，进一步提升了资源利用率。

4. 提高用户体验和满意度

个性化服务：利用机器学习和智能推荐系统，为用户提供更符合其兴趣和需求的服务，提高用户满意度。

虚拟图书馆体验：提供虚拟图书馆体验，为用户创造更具趣味性和创新性的学习环境，增强用户留存和回访率。

5. 降低运营成本

自动化设备的运用：自助借还书机、自动分类系统等设备的引入，减轻了图书馆运营的人力负担，降低了运营成本。

能耗优化：利用智能照明和环境控制系统，实现对能耗的优化管理，降低了能源开支。

（五）面临的挑战与应对策略

1. 隐私与数据安全问题

挑战：收集大量用户数据可能引发隐私和数据安全的担忧。

策略：加强数据加密和隐私保护措施，确保用户数据的安全可控。

2. 技术投入与更新换代

挑战：引入和维护智能化系统需要大量的技术投入，而技术更新换代较快。

策略：制订长期的技术规划，选择具备可升级性的系统，保持对新技术的敏感性。

3. 用户接受度与培训

挑战：部分用户可能对新技术接受度较低，需要进行培训。

策略：设计友好、易用的界面，同时开展培训和宣传活动，提高用户对新系统的接受度。

4. 系统集成与互操作性

挑战：多个系统的集成和互操作可能存在复杂性。

策略：选择具备开放接口和互操作性的系统，确保各系统能够协同工作。

（六）未来展望与发展方向

1. 深度融合图书馆与数字化技术

数字化馆藏管理：进一步推动数字化馆藏管理，提高数字资源的获取和利用效率。

虚拟图书馆拓展：拓展虚拟图书馆体验，通过 AR、VR 等技术为用户提供更丰富的学习空间。

2. 智能化服务个性化定制

个性化服务：基于用户数据的深度分析，提供更个性化、精准的服务，满足不同用户的需求。

智能化导览系统：进一步发展智能导览系统，通过用户行为学习为用户提供更智能的导航和推荐服务。

3. 全面提升图书馆数字化能力

数字化资源建设：加大对数字化资源的建设力度，提高图书馆数字化能力，满足用户对多元化信息的需求。

大数据应用：进一步深化大数据应用，通过数据分析为图书馆决策提供更精准的支持。

4. 强化用户参与与反馈机制

社交化图书馆平台：利用社交媒体渠道构建社交化图书馆平台，增强用户间的交流与分享。

读者反馈机制：进一步完善读者反馈与参与机制，通过智能化系统收集用户意见，优化服务和空间设计。

5. 全面提升图书馆数字化能力

数字化资源建设：加大对数字化资源的建设力度，提高图书馆数字化能力，满足用户对多元化信息的需求。

大数据应用：进一步深化大数据应用，通过数据分析为图书馆决策提供更精准的支持。

6.强化用户参与与反馈机制

社交化图书馆平台：利用社交媒体渠道构建社交化图书馆平台，增强用户间的交流与分享。

读者反馈机制：进一步完善读者反馈与参与机制，通过智能化系统收集用户意见，优化服务和空间设计。

空间智能化对图书馆运营效率的提升具有深远的影响。通过感知技术、数据分析、自动化等手段，空间智能化给图书馆带来了更高效的服务管理和用户体验。自助服务设备、智能导航系统、座位管理系统等应用使图书馆空间更具智能性和便捷性。智能化的馆藏管理、个性化服务、数字化资源建设等方面也推动了图书馆的数字化转型。

然而，图书馆在引入空间智能化技术时仍面临着一系列挑战，包括隐私与数据安全、技术投入与更新换代、用户接受度与培训等问题。因此，在推动智能化进程时，图书馆需要审慎考虑技术选择，加强隐私保护，注重用户培训，确保技术的平稳推进。

未来，随着技术的不断发展，空间智能化将在图书馆运营中发挥更为重要的作用。数字化技术、虚拟现实、社交化平台等的综合应用，将进一步提升图书馆的服务水平，拓展用户体验，推动图书馆朝着数字化、智能化、社交化的方向不断发展。图书馆作为知识服务的中心将更好地满足社会对知识获取的需求，为用户提供更便捷、更丰富的图书馆体验。

四、科技融合对图书馆空间多功能性的拓展

（一）概述

随着科技的迅速发展，图书馆作为知识服务的核心机构也在积极应用科技手段，以适应社会的多样化需求。科技融合，即将不同领域的科技结合运用，为图书馆提供了更多可能性。本书节深入研究科技融合在图书馆空间中的应用，探讨其如何拓展图书馆的多功能性，提升服务水平。

（二）科技融合的基本原理

1. 传感技术

感知环境：利用各种传感器感知图书馆空间的温度、湿度、光照等环境因素，为科技系统提供数据支持。

RFID 技术：运用 RFID 标签实现图书、设备的智能识别和追踪，提高资源管理效率。

2. 云计算与大数据

云存储：将图书馆的数据存储在云端，实现数据的远程访问和共享。

大数据分析：对图书馆内的大量数据进行分析，挖掘用户行为和需求，为图书馆决策提供依据。

3. 人工智能与机器学习

智能推荐系统：利用机器学习算法分析用户借阅历史，为用户推荐个性化的图书。

自然语言处理：通过语音识别和自然语言处理技术，提高用户与系统的交互效率。

4. 增强现实与虚拟现实

AR 技术：利用增强现实技术提供实时信息叠加，丰富用户在图书馆中的感知和体验。

VR 技术：创建虚拟图书馆空间，为用户提供全新的学习和阅读体验。

（三）科技融合在图书馆中的应用

1. 数字化馆藏与云图书馆

数字化馆藏：利用扫描技术将纸质图书数字化，建设数字化馆藏，实现资源的数字化管理。

云图书馆：将图书馆服务与云计算相结合，提供远程访问、在线阅读等服务。

2. 智能导览与定位服务

智能导览：利用传感技术和 AR 技术，提供智能导览服务，帮助用户更快速地找到所需资源。

定位服务：利用定位技术，为用户提供室内定位服务，增强用户在图书馆的定向能力。

3. 智能图书馆管理系统

自动化馆藏管理：利用 RFID 技术实现自动化的馆藏管理，包括图书的自动借还、自动定位等。

智能化座位管理：通过座位传感器，实现座位的实时监测和管理，提高座位利用率。

4. 个性化服务与智能推荐

智能推荐系统：利用机器学习技术，根据用户的阅读历史和兴趣，为用户推荐符合其喜好的图书。

个性化学习路径规划：通过分析用户学习行为，制定个性化的学习路径，提升学习效果。

5. 增强现实与虚拟现实的应用

AR 导览：利用 AR 技术，为用户提供实时信息叠加的导览服务，丰富用户在图书馆的体验。

VR 阅读室：创建虚拟现实的阅读室，用户可以通过 VR 设备在虚拟空间中阅读图书，拓展阅读体验。

（四）科技融合对图书馆多功能性的影响

1. 拓展服务维度

多媒体资源服务：结合数字化技术，拓展图书馆的服务维度，提供电子书、音频、视频等多媒体资源服务。

在线培训与学术研讨：利用在线会议工具，拓展图书馆的服务领域，提供在线培训和学术研讨服务。

2. 提升空间利用效率

座位管理系统：通过座位传感器和智能导览系统，实现座位的智能化分配和管理，提高图书馆空间利用效率。

智能化预约系统：用户可以通过手机应用提前预约图书馆的座位、会议室等资源，实现资源的智能化分配。

3. 深化用户体验

增强现实导览：利用 AR 技术提供实时信息叠加的导览服务，使用户在图书馆的导航更直观、智能。

虚拟图书馆体验：利用 VR 技术创建虚拟图书馆，为用户提供全新的阅读和学习体验，拓展用户的感知空间。

4. 提高管理效率

自动化馆藏管理：利用 RFID 技术和自动化设备，实现图书的自动借还、自动分类等，降低管理成本，提高效率。

大数据支持决策：利用大数据分析技术，为图书馆管理层提供更全面、精准的数据支持，优化运营决策。

5. 拓展社交互动

社交媒体整合：将图书馆服务与社交媒体整合，拓展社交互动，提高图书馆在社交平台上的曝光度和影响力。

在线读书会和讲座：利用在线平台举办读书会、讲座等活动，促进读者之间的交流和互动。

（五）面临的挑战与应对策略

1. 技术融合复杂性

挑战：不同科技领域的融合可能面临技术集成的复杂性。

策略：选择具有良好互操作性和标准化接口的技术，建立科学系统的模块化架构，降低融合的难度。

2. 用户隐私与安全问题

挑战：科技融合可能涉及大量用户数据，引发隐私和安全的担忧。

策略：采用先进的加密技术保护用户数据，建立健全的隐私政策，明确数据使用和保护的原则。

3. 用户接受度

挑战：部分用户可能对新科技的接受度较低，需要时间适应。

策略：进行用户培训，提供友好的用户界面，引导用户逐步接受和使用新科技。

4. 运营和维护成本

挑战：引入科技融合系统可能带来较高的运营和维护成本。

策略：制订长远的科技规划，选择成本可控的技术方案，考虑技术的可持续性和升级性。

（六）未来展望与发展方向

1. 深度融合数字化技术

数字化馆藏的深化：加大数字化馆藏建设力度，拓展电子书、在线期刊等数字资源的丰富性。

智能化的数字展厅：利用 VR 技术打造数字展厅，为用户提供更生动、互动的数字化展览体验。

2. 社交化图书馆平台的构建

社交媒体整合：进一步整合图书馆服务和社交媒体平台，构建社交化图书馆，增强用户参与感。

在线互动活动：通过在线平台开展更多互动活动，包括在线读书会、线上讲座等，促进用户间的交流。

3. 强化人工智能在服务中的应用

个性化服务的提升：深度挖掘用户行为数据，通过人工智能算法提供更个性化、精准的服务。

语音助手的普及：推广语音助手技术，使用户能够通过语音交互更便捷地获取信息和服务。

4. 创新云计算和大数据应用

云计算资源共享：进一步推动云计算技术在图书馆中的应用，实现资源的更广泛共享。

大数据智能决策：不断完善大数据分析技术，为图书馆管理提供更智能、更精准的决策支持。

科技融合对图书馆空间多功能性的拓展提供了丰富的机遇和挑战。通过整合传感技术、人工智能、虚拟现实等多种技术手段，图书馆得以提升服务水平、拓宽服务范围、深化用户体验。然而，面对复杂的技术融合和用户接受度的挑战，图书馆需要制订科学的规划和策略，不断提升自身的数字化和智能化水平，以更好地适应信息社会的发展趋势。

五、科技与人文元素融合的阅读空间创新

（一）概述

在信息技术迅速发展的时代，科技在阅读空间中的应用已经不再局限于数字化图书馆或电子书阅读器。图书馆和阅读空间逐渐成为科技与人文元素融合的创新场所，旨在提供更多样、更具沉浸感的阅读体验。本节将从科技与人文元素的角度，探讨阅读空间创新的方向和可能性。

（二）科技在阅读空间的应用

1. 数字化图书馆

电子书借阅平台：提供在线借阅和阅读电子书的平台，用户可以通过互联网随时随地阅读图书。

数字化馆藏管理：利用数据库和云计算技术，实现图书馆馆藏的数字化管理，提高检索效率。

2. 智能导览系统

室内导航：利用智能导航系统，为用户提供室内导航服务，帮助他们更快速地找到所需书籍或资源。

AR导览：利用增强现实技术，为用户提供实时信息叠加的导览服务，丰富阅读空间的感知。

3. 虚拟现实阅读体验

虚拟图书馆：利用VR技术，用户可以在虚拟空间中体验仿真的图书馆环境，增加阅读的趣味性。

交互式阅读：利用手势控制和交互式设备，用户可以在虚拟空间中进行更自由、互动性更强的阅读。

4. 智能化座位管理系统

实时座位监测：利用传感器技术，监测图书馆座位的使用情况，提供实时的座位信息，帮助用户选择合适的座位。

智能预约系统：用户可以通过手机应用提前预约座位，确保有足够的阅读空间。

5. 智能化照明和环境控制

环境感知：利用传感器监测光线、温度、湿度等环境参数，实现智能化的环境感知。

个性化环境调节：用户可以通过手机应用或智能控制面板调节阅读空间的照明和环境，提高阅读的舒适度。

（三）人文元素在阅读空间的重要性

1. 文化氛围的营造

书籍陈列与装饰：根据不同主题或文化活动，设计书籍陈列和阅读空间装饰，营造浓厚的文化氛围。

文学活动：定期举办文学沙龙、读书会等文学活动，吸引读者参与，促进文化交流。

2. 人文服务与个性化关怀

专业图书馆员服务：通过专业图书馆员提供个性化服务，为读者提供图书推荐、检索等一对一服务。

文学推广活动：进行作家讲座、文学展览等活动，为读者创造更多与文学相关的体验。

3. 社区参与与合作

社区图书馆项目：将阅读空间纳入社区图书馆项目，与社区合作，共同打造具有地方特色的阅读空间。

社区文化活动：举办社区文化活动，邀请当地艺术家、作家等进行分享和交流，增强社区文化凝聚力。

4. 传统文化与现代元素的结合

传统文化展览：在阅读空间举办传统文化展览，展示古籍、手稿等珍贵文物，让读者感受传统文化的魅力。

数字化传统文化：利用科技手段将传统文化数字化，提供数字文献、虚拟参观等服务，将传统与现代融合。

（四）科技与人文元素的融合创新

1. 智能化导览系统中融入文化元素

文化历史导览：在智能导览系统中加入文化历史的信息，使用户在导览的过程中了解相关的文化背景。

文学名著路径：设计智能导览路径，让用户沿着经典文学作品的情节漫步，通过虚拟现实技术呈现小说中的场景和角色，使阅读如身临其境。

2. 数字化图书馆中融入文学元素

文学作品展览：利用数字化技术在图书馆中展示文学作品的数字版，包括手稿、初版本等，以展览的形式丰富阅读空间。

虚拟作家讲座：通过视频会议或虚拟现实技术，邀请作家进行虚拟讲座，与读者进行在线交流。

3. 智能化座位管理系统中融入文化服务

主题座位设计：将座位设计融入文学和艺术元素，创造具有特色的主题座位，如模拟书中场景的座位或以作家为主题的座位。

文学音乐播放：在智能座位上增加音响装置，提供与阅读相关的文学音乐，营造宁静的阅读氛围。

4. 虚拟现实阅读体验中融入人文关怀

虚拟书友互动：利用虚拟现实技术创造虚拟书友社区，让用户在虚拟空间中进行文学交流和讨论。

文学心理辅导：在虚拟现实阅读体验中增加文学心理辅导服务，通过文学作品帮助用户缓解压力和焦虑。

5. 智能化环境控制中融入人文关怀

文学香薰设计：利用智能化环境控制系统，为阅读空间增加文学香薰，如图书馆馆藏中的古籍纸香，以唤起读者的文学回忆。

文学主题光影：利用智能灯光系统，根据不同的文学主题调整阅读空间的光影，营造出与文学作品相匹配的氛围。

（五）挑战与应对策略

1. 技术融合的复杂性

挑战：将科技与人文元素融合需要综合多领域的技术，复杂度较高。

策略：设计合理的技术融合方案，采用模块化的设计思路，逐步实施，降低复杂度。

2. 用户体验的平衡

挑战：科技的引入必须平衡提升阅读体验与不影响传统文学氛围的关系。

策略：进行用户调研，深入了解用户需求，确保科技创新不损害传统文学阅读的乐趣。

3. 文化元素的保真性

挑战：融合科技与人文元素时，需要保持文化元素的真实性和纯粹性。

策略：在融合设计中，尊重并保留文学经典的原汁原味，通过技术手段强化而非替代传统文学体验。

4. 资源投入与回报

挑战：融合科技与人文元素需要一定的投入，而回报可能并不立竿见影。

策略：制订长期发展规划，将融合创新作为长期投资，逐步积累用户群体，形成可持续发展。

（六）未来展望与发展方向

1. 个性化文学体验的深化

智能化个性推荐：进一步发展智能化推荐系统，根据用户阅读历史和兴趣，提供更个性化的文学作品推荐。

2. 文学社交平台的建设

虚拟社交空间：构建虚拟社交平台，让读者在虚拟空间中进行文学交流、分享阅读心得，拓展阅读的社交维度。

作家互动平台：创造虚拟平台，使作家与读者进行更直接的互动，包括在线讨论、问答环节等。

3. 文学文化的深度挖掘

虚拟文学展览：利用虚拟现实技术，建立虚拟文学展览馆，展示作家生平、文学成就等，深度挖掘文学文化。

数字化传统文学：进一步将传统文学数字化，包括古籍数字化、传统文学地理信息系统等，实现文学文化的多维度呈现。

4. 智能环境控制的创新

情感感知技术：引入情感感知技术，使智能环境控制能够感知用户的情感状态，提供更贴近用户情感需求的阅读环境。

文学氛围音效：利用智能音效系统，根据文学作品氛围调整音效，增强阅读的沉浸感。

5. 全方位智能导览系统

图书馆 AR 增强现实：将增强现实技术进一步应用于图书馆导览，实现实时信息叠加的智能化导览系统。

文学导览路径：设计基于文学作品的导览路径，引导用户沿着与文学相关的路径游走图书馆。

科技与人文元素的融合给阅读空间带来了新的可能性和机遇。通过数字化、智能化技术与人文关怀的巧妙结合，阅读空间得以提供更为丰富、个性化的阅读体验。然而，融合创新需要在技术实现、用户体验和文学保真性等方面取得平衡，同时需要不断关注用户需求的变化和科技的发展。只有在深入了解读者需求的基础上，结合创新科技和人文关怀，才能真正实现阅读空间的创新与升级。未来，随着科技的不断进步和用户需求的变化，阅读空间的融合创新将不断发展，给读者带来更为丰富、深刻的文学体验。

第五章 高校图书馆读者服务的评估与改进

第一节 读者服务质量评估指标与方法

一、读者满意度调查与评估体系建设

（一）概述

图书馆作为学术机构的核心服务单位，其服务质量和读者满意度直接关系到学校整体的教学和研究水平。为了更好地了解读者对图书馆服务的感受、需求和期望，建设一个科学合理的读者满意度调查与评估体系至关重要。本节将探讨读者满意度调查的目的、内容、方法，以及如何建设一个全面有效的评估体系。

（二）读者满意度调查的目的

1. 全面了解读者需求

通过读者满意度调查，图书馆能够深入了解读者对服务的期望和需求，为后续的服务改进提供有力的数据支持。

2. 改进服务质量

调查结果可以指导图书馆改进服务质量，精准找到存在的问题并采取相应措施，提高服务的实质性水平。

3. 提高读者忠诚度

通过主动关心读者的需求并采取积极的改进措施，图书馆可以提高读者的忠诚度，增强他们对图书馆的信任感和依赖度。

4. 优化资源配置

了解读者的借阅偏好、研究方向等信息，有助于图书馆更科学地配置馆藏资

源，满足读者的多样化需求。

（三）读者满意度调查的内容

1. 服务态度与沟通

工作人员的服务态度：评估工作人员在咨询、借还书等过程中的服务态度，是否友好、主动。

沟通效果：了解读者对图书馆沟通方式的满意度，包括网站公告、社交媒体传播等。

2. 馆藏资源和设施

图书馆馆藏：评估图书馆馆藏的丰富程度、新书更新速度等。

设施舒适度：调查图书馆设施的使用感受，包括阅览室座椅的舒适度、自习室的安静程度等。

3. 数字服务与技术支持

数字资源使用：了解读者对数字资源的使用情况和对相关服务的满意度。

技术支持：评估技术支持的及时性和有效性，包括电子资源访问问题、设备故障等。

4. 培训与指导服务

信息素养培训：调查读者对图书馆提供的信息素养培训的需求和满意度。

研究支持服务：了解读者对研究支持服务的感受，包括文献检索、参考咨询等方面。

（四）读者满意度调查的方法

1. 问卷调查

设计包含多个方面的问卷，通过量化数据来了解读者的满意度水平。问卷可以通过纸质形式、电子调查表或在线问卷的方式进行。

2. 面访与访谈

通过面对面的访谈或焦点小组讨论，深入了解读者的真实感受和建议。这种方式可以获取更加详细和深刻的信息。

3. 观察法

通过图书馆的实地观察，包括对馆内设施、服务流程等的观察，获取读者在实际使用中的体验。

4. 社交媒体分析

通过分析图书馆在社交媒体平台上的互动和反馈，了解读者对图书馆服务的实时评价，及时调整服务策略。

（五）建设评估体系

1. 指标体系建设

建立科学合理的指标体系，包括服务质量、资源利用效率、读者满意度等方面的指标，以便进行全面的评估。

2. 数据收集与分析

建立完善的数据收集机制，包括定期的问卷调查、访谈、观察和社交媒体分析。收集的数据要进行定期的分析，发现问题和趋势，并及时采取相应的改进措施。

3. 定期报告与反馈

制定定期的评估报告，向图书馆管理层和工作人员汇报评估结果。报告中应包括问题分析、改进方案和下一步的工作计划。同时，及时向读者反馈调查结果和改进措施，增强透明度。

4. 持续改进机制

建立一个持续改进的机制，不断根据评估结果调整和优化服务策略。将评估过程纳入图书馆的日常运营，形成一个循环的改进体系。

（六）未来发展趋势

1. 智能化调查工具

未来，随着人工智能技术的发展，可以考虑引入智能调查工具，通过自动化的方式收集、分析和解释调查数据，提高效率和准确性。

2. 跨机构合作

建设一个跨机构的评估体系，与其他图书馆或相关机构合作，共同分享经验、数据和最佳实践，形成一个更加全面的评估体系。

3. 多维度评估

除了传统的读者满意度调查，可以引入更多维度的评估，包括社会影响、可持续发展等方面，使评估更加全面、深入。

4. 参与式评估

采用参与式评估方法，将读者纳入评估过程，让他们直接参与问题的识别、解决和决策，提高评估的参与度和效果。

读者满意度调查与评估体系的建设对于图书馆提供更优质、贴近读者需求的服务至关重要。通过科学合理的评估体系，图书馆能够全面了解读者需求，及时改进服务，增强读者忠诚度，进一步提升图书馆在学校中的地位。未来，随着技术和理念的不断更新，评估体系也需要不断创新，以适应新的挑战和需求，不断提高评估的精准度和实用性。通过合理应用新技术、引入跨机构合作、拓展评估维度等手段，图书馆可以更好地满足读者的期望，推动服务水平的不断提升。

在建设评估体系时，图书馆应注重与读者的密切互动，建立良好的沟通渠道，使读者能够更直接地参与评估过程，让评估真正贴近他们的需求。同时，图书馆需要将评估工作纳入日常运营中，形成一个循环的反馈和改进机制，持续提高服务的品质。

读者满意度调查与评估体系的建设是一个持续演进的过程，需要不断总结经验，不断改进机制。只有通过不懈努力，图书馆才能更好地适应时代发展的需求，为读者提供更加贴心、专业的服务。

二、服务效率与服务质量的定量指标设计

（一）概述

服务效率与服务质量是组织提供服务时需要综合考虑的两个关键方面。服务效率关注服务提供的速度和资源利用效率，而服务质量关注服务的满意度和符合度。通过合理设计定量指标，机构能够更好地评估和监测服务效果，为不断提升服务水平提供有力支持。本节将着重探讨服务效率与服务质量的定量指标设计。

（二）服务效率的定量指标设计

1. 响应时间

定义：从用户提出服务请求到机构做出响应的时间。

指标设计：将响应时间分为不同级别，如紧急、一般、常规等，分别设定相应的时间标准。紧急请求的响应时间要求更短，以确保紧急情况能够得到及时处理。

2. 服务交付速度

定义：从服务请求被响应到最终服务完成的时间。

指标设计：以平均服务交付时间为指标，包括不同服务类型的平均交付时间。同时，可以关注服务完成的及时性，确保服务不仅在响应上快速，也在最终交付上迅速。

3. 资源利用率

定义：在提供服务的过程中，所使用的资源的充分利用程度。

指标设计：通过计算服务过程中人力、物力、财力等资源的利用率，反映机构在服务中的经济性和效益。可以设计比率指标，如"服务效益＝提供服务的价值／资源投入"。

4. 服务请求处理量

定义：单位时间内处理的服务请求的数量。

指标设计：将服务请求分为不同类别，如咨询、问题解决、申请处理等，分别统计每类请求的处理量。这有助于机构了解不同类型服务的负荷和需求。

5. 错误率

定义：在服务过程中出现的错误占总服务量的比例。

指标设计：将服务过程中可能出现的错误进行分类，如信息错误、操作失误等，计算错误率以评估服务质量。此指标反映机构在服务过程中的准确性和专业性。

6. 服务成本

定义：提供一次服务所需的成本。

指标设计：将服务过程中的各项成本进行统计，包括人工成本、设备维护成本、培训成本等。通过比较不同服务类型的成本，评估服务的经济性。

（三）服务质量的定量指标设计

1. 用户满意度

定义：用户对提供的服务的满意程度。

指标设计：采用定期的用户满意度调查，通过问卷或其他形式，收集用户对服务的评价。可以按照不同服务类型、服务阶段等维度进行细分评估。

2. 服务符合度

定义：提供的服务是否符合用户的期望和需求。

指标设计：通过用户反馈、投诉和建议等方式，评估服务是否符合用户的期望。关注用户的实际需求，及时调整服务策略。

3. 服务可用性

定义：服务系统或设备正常运行的时间占总时间的比例。

指标设计：计算服务系统的可用性，包括系统的稳定性、故障率等，以确保服务的连续性和稳定性。

4. 服务的个性化程度

定义：服务能否满足用户个性化需求的程度。

指标设计：通过记录用户的个性化需求并提供相应的服务，评估服务的个性化水平。这可以通过用户的历史记录、个性化推荐的使用情况等来进行评估。

5. 服务问题解决率

定义：用户提出问题后，服务机构能够成功解决问题的比例。

指标设计：将用户提出的问题分为不同类别，统计解决每类问题的成功率。这有助于了解服务机构在不同领域的问题解决能力，提高服务的专业性。

6. 服务的及时性

定义：服务提供的及时程度，包括响应时间、服务交付速度等。

指标设计：将服务的及时性分为不同阶段进行评估，包括用户提出请求到得到响应的时间、服务完成的时间等。及时性是服务质量的重要组成部分，特别在紧急情况下更为关键。

7. 用户参与度

定义：用户参与服务过程的程度，包括用户提出建议、参与决策等。

指标设计：通过用户参与度的调查和统计，评估用户在服务中的积极程度。鼓励用户参与服务决策，提高用户对服务的投入感。

（四）服务效率与服务质量的权衡

在设计定量指标时，服务机构需要注意服务效率与服务质量之间的平衡。有时候，提高服务效率可能会导致服务质量的下降，反之亦然。因此，需要根据具体情况权衡两者，设计综合考量的指标，以确保在提高效率的同时不损害服务质量。

（五）数据收集与分析

建立定量指标后，服务机构需要建立系统的数据收集和分析机制。这包括建设信息系统、建立数据库、培训相关人员等。定期进行数据分析，发现问题并及时采取改进措施，是保障服务效率与服务质量的关键。

服务效率与服务质量是组织提供服务时需要综合考虑的两个关键方面。通过设计合理的定量指标，服务机构能够更全面、客观地评估和监测服务效果，有针对性地改进服务策略。在不断提升服务水平的过程中，服务机构应当平衡效率与质量，使服务更加高效、满意。

三、数据收集与分析在评估中的应用

（一）概述

随着信息技术的迅速发展，数据收集与分析在各行各业中的应用越发广泛，特别是在评估领域。通过收集和分析数据，机构可以更全面、客观地了解业务运作、服务效果和绩效表现。本节将探讨数据收集与分析在评估中的应用，重点关注其意义、方法以及在不同领域中的具体实践。

（二）数据收集与分析的意义

1. 客观性与精准性

客观性：数据收集与分析奠定了客观的信息基础，避免了主观判断和偏见的影响。通过数值和统计结果，评估者能够更客观地了解事物的真实状况。

精准性：数据是可度量的，能够提供具体的数字和指标。这种精准性使得评估更为准确，有助于制定更精细化的改进策略。

2. 实时性与及时性

实时性：数据收集与分析可以实现实时监测和反馈。及时了解当前状况，使机构能够快速做出决策和调整，提高应对变化的能力。

及时性：在评估中，及时获取相关数据有助于发现问题并采取迅速的改进措施，确保机构能够随时应对变化和挑战。

3. 综合性与全面性

综合性：数据收集与分析能够整合多源信息，综合考量不同方面的因素。这有助于形成全面的评估视角，避免过于片面的观点。

全面性：通过数据收集，评估者可以获取全面的信息，覆盖各个方面的业务和服务。这种全面性有助于建立全局观，为决策奠定更全面的基础。

（三）数据收集方法

1. 定性数据收集方法

深度访谈：通过深入的面对面访谈，获取受访者的深层次见解和观点。这种方法适用于涉及主观感受和态度的评估场景。

焦点小组讨论：集结一群利益相关者，进行小组讨论，获取多方面的看法和建议。这种方法适用于需集思广益的评估项目。

2. 定量数据收集方法

问卷调查：通过设计结构化问卷，广泛发放给受众群体，收集大量定量数据。问卷调查是一种高效、快速的数据收集方式。

实地观察：直接观察事件、过程或行为，并记录相关数据。实地观察适用于需要真实反映现象的评估场景，如服务流程、工作环境等。

3. 数字化数据收集方法

在线调查：利用网络平台进行调查，通过在线问卷或反馈表收集数据。在线调查具有便捷性和快速性，适用于大规模受众的数据收集。

数据采集工具：利用专业的数据采集工具和软件，对各类数据进行数字化记录和整理。这有助于提高数据的准确性和可管理性。

（四）数据分析方法

1. 描述性统计分析

平均数：描述数据的集中趋势，计算所有数值的总和并除以观测数。

中位数：描述数据的中间值，将数据从小到大排列，取中间的值。

众数：描述数据中出现频率最高的值。

2. 推论性统计分析

相关性分析：评估两个或更多变量之间的关联关系，通过相关系数来度量它们之间的相关程度。

回归分析：用于预测一个变量与另一个或多个变量之间的关系，分析它们的线性关系。

t 检验和方差分析：用于比较不同组之间的平均值是否存在显著差异。

3. 数据挖掘和机器学习方法

聚类分析：将数据分成相似的组，识别内在的模式和关系。

分类分析：预测新的数据点属于哪个类别，建立预测模型。

回归树分析：通过树形结构表示数据的分层次结构，用于预测数值型变量。

（五）数据隐私与伦理考虑

在数据收集与分析的过程中，隐私和伦理问题是需要高度关注的方面。机构在收集和分析数据时应当遵循以下原则：

1. 合法性与透明度

确保数据的收集和使用符合相关法律法规，同时向相关方透明地说明数据的收集目的和使用方式。

2. 匿名化与脱敏处理

对于敏感信息，采取匿名化和脱敏处理，确保个体隐私得到有效保护，同时仍能实现分析的基本目的。

3. 知情同意

在可能涉及个人隐私的情况下，征得相关个体的知情同意，确保他们了解数据收集的目的和可能的影响。

4. 数据安全保护

建立完善的数据安全保护机制，防范数据泄露和滥用，采取措施确保数据的机密性和完整性。

5. 伦理审查

对于一些可能涉及敏感领域的研究，进行伦理审查，确保研究的合法性和道德性。

（六）挑战与未来发展趋势

1. 大数据时代的挑战

随着大数据时代的到来，数据量的急剧增加可能带来数据处理和存储的挑战，同时也会加大数据隐私和安全的风险。

2. 多源数据整合的挑战

从不同来源收集的数据可能具有不同的格式和结构，需要解决多源数据整合的难题，确保数据的一致性和可比性。

3. 人工智能与数据分析的融合

未来数据分析很可能与人工智能的发展融为一体，这将带来更高层次的数据处理和模型建立，同时也提出了更复杂的伦理和隐私问题。

4. 数据民主化的发展

越来越多的机构和个人能够获取和使用大量数据，数据民主化的发展将促使更多的人参与到数据收集与分析中，提高社会的数据素养。

5. 可解释性与透明性的需求

随着数据分析应用的普及，对于模型的可解释性和透明性的需求日益增加，确保决策过程具有可理解性和可信度。

数据收集与分析在评估中的应用已经成为各个领域中不可或缺的工具。通过利用数据，机构能够更客观、全面地了解业务和服务的表现，从而制定更有效的决策和改进策略。未来，随着技术的不断发展和应用场景的拓展，数据收集与分析将进一步发挥其作用，为各个行业的发展和优化提供强大支持。在此过程中，合理处理数据隐私和伦理问题将是不可忽视的重要环节。

第二节 数据分析与服务优化

一、数据驱动的服务优化策略制定

（一）概述

在当今信息时代，数据不仅仅是一种资源，更是推动组织决策、服务提升的动力源泉。数据驱动的服务优化策略通过充分利用各类数据，从用户行为、反馈、业务流程等多维度进行分析，为组织提供更深刻、精准的见解，从而指导服务的改进和优化。本节将深入探讨数据驱动的服务优化策略的制定过程、关键要素和实际应用。

（二）数据驱动的服务优化策略制定过程

1. 设定优化目标

在制定数据驱动的服务优化策略时，首要任务是明确优化的具体目标。这包括提高客户满意度、降低服务成本、提升服务效率等。设定清晰的优化目标有助于指导后续的数据收集和分析工作，并确保策略的实施与组织的整体战略一致。

2. 确定关键指标

选择关键的服务指标是数据驱动策略制定的核心步骤。这些指标应该能够全面反映服务的状况，如客户满意度、服务响应时间、问题解决率等。确保选择的指标与设定的优化目标直接相关，能够提供对服务质量和效果的准确评估。

3. 数据收集与整合

有效的数据驱动策略依赖于充分的数据支持。通过各类数据源的收集，包括客户反馈、业务流程数据、社交媒体数据等，形成全面的信息画像。在数据整合过程中，确保数据的准确性和一致性，以建立可靠的数据基础。

4. 数据分析与洞察提炼

通过数据分析工具和技术，对收集到的数据进行深度分析，提炼关键洞察。这包括对服务瓶颈的识别、用户行为的理解、服务流程的优化点等。数据分析的过程需要综合运用统计分析、机器学习等技术，以获取更深层次的见解。

5. 制定优化策略

基于数据分析的结果，制定具体的服务优化策略。这包括改进服务流程、优化产品设计、提升员工培训等方面的措施。确保制定的策略与数据分析中发现的问题和机会紧密相连，能够有针对性地解决实际挑战。

6. 制订实施计划

将制定的优化策略转化为具体的实施计划。明确责任人、时间表和资源分配，确保策略的实施有序进行。同时，建立监测机制，以便在实施过程中对策略的效果进行实时跟踪和评估。

7. 持续监测与反馈

数据驱动的服务优化是一个持续的过程。建立定期的监测和反馈机制，通过实时数据反馈，及时调整和优化已经实施的策略。不断收集新的数据，保持对服务状况的敏感性，以适应变化的市场和用户需求。

（三）数据驱动的服务优化关键要素

1. 数据质量和完整性

数据的质量和完整性是数据驱动决策的基础。确保数据来源可信、准确，并覆盖关键业务领域。不完整或不准确的数据将导致对服务问题的错误理解和不当决策。

2. 技术基础设施

建立强大的技术基础设施是实施数据驱动服务优化策略的前提。这包括数据存储、处理、分析和可视化的技术工具。现代化的技术基础设施能够支持大规模、实时的数据处理需求。

3. 专业的数据团队

拥有专业的数据团队至关重要。数据科学家、分析师和工程师的团队能够更好地应对数据的复杂性，提供深度的分析和解释，指导服务优化策略的制定。

4. 智能化分析工具

随着人工智能和机器学习技术的发展，智能化分析工具能够更快速、精准地挖掘数据中的模式和趋势。这些工具有助于更深入地理解服务数据，发现隐藏的机会和问题。

5. 用户反馈机制

用户反馈是实现数据驱动服务优化的重要来源之一。建立有效的用户反馈机制，包括调查、投诉渠道、社交媒体互动等，以获取用户对服务的直接意见和建议。

6. 灵活性与快速响应

数据驱动的服务优化需要具备灵活性和快速响应的能力。组织应当能够根据实时数据和反馈，快速调整服务策略和流程，以适应市场变化和用户需求的迅速变化。灵活性和快速响应不仅仅是策略制定阶段的要求，也是实施和持续优化阶段的关键要素。

7. 文化转变与组织支持

数据驱动的服务优化需要一个积极支持数据文化的组织环境。这意味着组织内部需要培养数据驱动的思维方式，鼓励员工利用数据做决策。组织领导层的支持和参与是文化转变的关键推动力，确保整个组织都能够理解和接受数据的重要性。

（四）数据隐私与伦理考虑

在制定数据驱动的服务优化策略时，组织需要特别关注数据隐私和伦理问题。以下是一些关键的考虑因素：

1. 用户知情同意

确保用户明白他们的数据将被用于服务优化，并获得他们的知情同意。透明沟通是建立信任的关键。

2. 数据安全保护

采取必要的措施保护用户数据的安全性，包括加密、访问控制、身份验证等措施，以防止数据泄露和滥用。

3. 数据匿名化

在分析过程中，确保对个人身份的保护，采用数据匿名化和脱敏技术，以降低个体的辨识风险。

4. 遵循法规和标准

遵循相关的数据隐私法规和行业标准，确保数据的收集和处理符合法律要求，减少法律风险。

5. 伦理审查

对于一些可能涉及敏感领域的服务优化策略，进行伦理审查，确保策略的制定和实施符合道德原则。

（五）未来发展趋势

1. 更智能的分析和预测

随着人工智能和机器学习技术的发展，数据分析将更加智能化，能够实现更准确的预测和深层次的洞察。这将使服务优化更加精细化和个性化。

2. 更广泛的数据来源

未来的数据驱动服务优化将从更广泛的数据来源中获取信息，包括物联网设备、社交媒体、生物传感器等。这将提供更全面的数据支持。

3. 更强大的实时监测能力

随着实时数据处理技术的发展，组织将能够更及时地监测服务状况，实现更快速的问题识别和解决。

4. 更注重用户参与和反馈

未来的数据驱动服务优化将更加注重用户参与和反馈。通过更主动地引导用户参与，组织能够获得更多有价值的信息，提高用户满意度。

5. 更全面的伦理框架

随着数据应用的扩大和深化，未来将需要建立更全面的伦理框架来指导数据驱动的服务优化。这包括对于个体隐私权更加严格的保护、对算法决策的公正性和透明性的要求，以及对于数据使用目的的明确规定。组织需要主动关注伦理标准的演进，以确保其服务优化策略在伦理层面的合法性和可持续性。

数据驱动的服务优化策略制定是组织提升服务水平、提高竞争力的关键手段。通过设定明确的优化目标、选择关键指标、进行数据收集和整合、进行深度分析以及制订实施计划，组织能够更准确地了解服务现状、发现问题和机会，并制定具体、可行的优化策略。

关键要素如数据质量、技术基础设施、专业的数据团队、智能化分析工具、用户反馈机制等都对数据驱动的服务优化至关重要。在实际应用中，不同行业可以根据其特点制定相应的策略，如电商个性化推荐、银行客户服务优化、餐饮菜单优化等。

然而，数据驱动的服务优化也面临着数据隐私和伦理问题，组织需要确保在数据收集和分析过程中符合法规，保护用户隐私，建立透明的数据使用机制。未来的发展趋势将更加注重智能化分析和预测、更广泛的数据来源、强大的实时监测能力、用户参与和反馈，以及更全面的伦理框架。

综合而言，数据驱动的服务优化策略制定需要组织在技术、文化和伦理等多个层面取得平衡，以实现更高效、更智能、更贴近用户需求的服务水平。

二、数据分析工具在服务评估中的应用

在当今数字化时代，数据分析工具的应用已经成为组织进行服务评估的关键。这些工具通过收集、处理、分析大量数据，为组织提供深刻见解，帮助评估服务质量、用户满意度以及业务运营效率。下面将深入探讨数据分析工具在服务评估中的应用，包括工具的选择、关键功能、实际案例等方面。

（一）数据分析工具的选择

1. 工具类型

选择适合的数据分析工具首先需要考虑工具的类型。常见的数据分析工具包括通用性较强的数据可视化工具（如Tableau、Power BI）、统计分析工具（如R、Python的Pandas库）以及专业领域的分析工具（如Google Analytics、Adobe Analytics等）。

数据可视化工具：适用于将数据以图表、图形的形式呈现，便于直观理解和分享。

统计分析工具：主要用于深度分析数据，进行统计学和机器学习等高级分析。

专业领域工具：针对特定行业或领域的需求，提供更专业化的分析功能。

2. 用户友好性

选择用户友好的工具对于在组织中推广数据分析至关重要。工具的界面设计是否直观、操作是否简单、是否支持拖拽式的操作等因素都会影响到非技术人员的使用体验。

3. 数据处理能力

工具的数据处理能力直接关系到其处理大规模数据的能力。对于需要处理海量数据的组织，选择能够高效处理大数据的工具显得尤为重要。

4. 扩展性和定制性

工具是否支持扩展和定制也是选择的关键因素。在组织需要特定功能或特殊定制时，工具能否满足这些需求是决定性的。

（二）数据分析工具的关键功能

1. 数据连接与整合

数据分析工具首先需要具备强大的数据连接与整合功能，能够将来自不同来源的数据整合到一个平台上。这包括连接数据库、导入 Excel 表格、接入 API 等。

2. 数据清洗与预处理

数据分析过程中，原始数据常常存在噪声、缺失值等问题，因此工具需要提供数据清洗与预处理的功能，确保分析所使用的数据质量高。

3. 数据分析与可视化

数据分析工具的核心功能是对数据进行分析和可视化。这包括基本的统计分析、图表制作、趋势分析等。优秀的工具能够支持多种图表类型，并提供交互式的可视化体验。

4. 高级分析和建模

对于需要更深度分析的任务，工具应当支持高级分析和建模功能。这包括回归分析、聚类分析、预测建模等，为组织提供更深层次的业务洞察。

5. 实时数据监控

一些业务场景需要对实时数据进行监控，工具是否支持实时数据的收集和监控是需要考虑的因素。这对于需要迅速响应市场变化的行业尤为重要。

（三）数据分析工具在服务评估中的挑战与应对策略

1. 数据隐私与安全风险

随着对数据的广泛应用，数据隐私与安全风险成为数据分析工具面临的重要挑战。为了应对这一挑战，应做到以下几点：

加强数据加密与权限控制：数据分析工具应该支持数据加密技术，确保数据在传输和存储过程中的安全。同时，建立严格的权限控制，限制用户对敏感数据的访问权限。

遵循数据隐私法规：工具应当遵循相关的数据隐私法规，如欧洲的《通用数据保护条例》（GDPR）等，以确保用户数据的合法使用和保护。

2. 大数据处理能力

随着数据量的不断增大，大数据处理能力成为数据分析工具的另一个挑战。为了应对这一挑战，可以采取以下措施：

优化算法和计算性能：数据分析工具需要不断优化其算法和计算性能，以适应大规模数据的处理需求。

采用分布式计算技术：引入分布式计算技术，将数据分析任务分发到多个计算节点上并行处理，提高整体的数据处理速度。

3. 用户培训与普及

数据分析工具通常涉及较高的专业性，用户培训与普及是一个常见的挑战。为了应对这一挑战，需要做到以下两点：

提供培训资源：数据分析工具供应商可以提供详细的培训资源，包括在线教程、文档、培训课程等，以帮助用户更好地掌握工具的使用方法。

支持社区交流：创建用户社区，让用户能够分享经验、解决问题，促进工具的共同学习。

4. 数据质量与准确性

数据质量与准确性是数据分析的基础,而数据来源的不一致和不准确可能导致分析结论的错误。为了应对这一挑战,需要做到以下两点:

数据清洗与验证:在分析之前,进行数据清洗和验证,排除异常值和错误数据,确保分析所使用的数据质量高。

建立数据质量监控机制:建立定期的数据质量监控机制,及时发现和解决数据质量问题,保障分析结果的准确性。

(四)未来发展趋势

1. 自动化与智能化

未来,数据分析工具将更加注重自动化与智能化。通过引入机器学习和人工智能技术,工具可以自动识别数据模式、生成洞察,并根据用户的需求提供个性化的分析建议。

2. 增强的协作与共享功能

未来的数据分析工具将更加注重用户协作和共享功能。支持多用户协同编辑、实时共享分析结果,使团队能够更加高效地合作进行数据分析。

3. 跨平台与云端服务

随着云计算技术的发展,未来的数据分析工具将更多地向云端迁移,实现跨平台的无缝使用。这将使用户能够随时随地访问和分析数据,提高灵活性和便捷性。

4. 可解释性与透明度

随着数据隐私和伦理问题的日益受到关注,未来的数据分析工具将更注重结果的可解释性和透明度。用户能够更清晰地理解分析结果产生的原因,增强对数据分析过程的信任。

5. 整合多样化数据源

未来的数据分析工具将更强调整合多样化数据源的能力。随着物联网的发展,数据将来自更多不同的领域,工具需要能够有效地整合和分析这些多样化的数据。

数据分析工具在服务评估中发挥着不可替代的作用。选择合适的工具、充分发挥其关键功能、解决挑战并紧跟未来发展趋势，都是组织在数据驱动的决策中取得成功的关键因素。在不断发展的数据分析领域，组织需要保持敏锐的洞察力，不断提升自身的数据分析能力，以更好地服务于业务发展和用户需求。

第三节 持续改进的策略与实践

（一）用户反馈的重要性

1. 用户反馈是洞察用户需求的关键途径

用户反馈是企业了解用户需求、期望和痛点的关键途径之一。通过用户的实际使用体验和感受，企业可以更深入地理解用户的期望，从而有针对性地进行产品或服务的改进。

需求发现：用户反馈可以揭示用户在使用产品或服务过程中的需求，包括功能期望、用户界面体验等方面。

问题识别：用户反馈是发现潜在问题和缺陷的有效手段，有助于企业及时解决问题，提高产品质量。

2. 用户满意度的关键指标

用户反馈直接关联到用户满意度。满意的用户更有可能成为忠实用户，并通过口碑传播积极的品牌形象。因此，了解用户对产品或服务的满意度，有助于企业提高客户忠诚度和口碑效应。

口碑传播：满意的用户更愿意向周围的人分享积极的体验，从而增加产品或服务的知名度。

客户忠诚度：满意度与忠诚度紧密相连，通过不断改进提高用户满意度，有望提高用户的忠诚度。

3. 用户参与感的提升

建立用户反馈机制可以提升用户参与感，使用户感到他们的声音得到了关注和重视。这有助于建立积极的用户关系，形成用户参与的社区。

用户参与：用户反馈的收集过程本身就是一种用户参与的形式，使用户感到他们的意见对产品或服务的发展有影响。

社区建设：通过建立用户社区、论坛等平台，促使用户更积极地参与讨论和分享，加深用户之间的联系。

（二）建立快速响应机制的必要性

1. 用户期望的即时性

随着信息时代的发展，用户对于反馈和问题解决的期望日益增高。用户期望能够在遇到问题或提出建议后迅速得到响应，因此建立快速响应机制变得尤为重要。

即时沟通工具：利用即时通信工具、在线客服等方式，及时回应用户的反馈和疑问。

自动化响应：利用自动化系统对一些常见问题进行自动回复，提高响应的效率。

2. 问题的及时解决

用户反馈的问题如果不能及时解决，会导致用户不满和流失。建立快速响应机制有助于迅速定位和解决用户遇到的问题。

问题分类与优先级：建立问题分类和优先级体系，使得重要问题能够被及时关注和解决。

专业团队支持：建立专业的技术支持团队，能够高效解决用户反馈中的技术性问题。

3. 用户体验的持续提升

建立快速响应机制有助于持续优化用户体验。通过快速响应用户的需求和反馈，企业能够更迅速地调整产品或服务，提升用户体验。

敏捷开发流程：引入敏捷开发的理念，快速迭代产品，根据用户反馈进行调整，提升产品的质量和用户体验。

用户调研：利用快速响应机制，主动进行用户调研，了解用户需求，提前发现潜在问题。

（三）改进策略的深入讨论

1. 收集多渠道反馈

建立多渠道的反馈收集机制是改进策略的重要组成部分。不同用户可能选择不同的途径提供反馈，包括在线表单、社交媒体、客户服务热线等。通过收集多渠道的反馈，企业能够全面了解用户的需求和意见。

社交媒体监测：主动监测社交媒体上与产品或服务相关的讨论和评论，及时捕捉用户反馈。

在线调查和反馈表单：设计简洁明了的在线调查表单，方便用户快速填写反馈，同时建立联系渠道，以便进一步交流。

2. 制订优先级和计划

企业需要根据收集到的用户反馈制订优先级和改进计划。不同的问题和建议可能有不同的紧急程度和影响程度，因此需要进行合理的分类和排序。

问题优先级：根据问题的影响范围、严重程度和用户数量等因素，确定问题的优先级，确保首要解决对用户影响较大的问题。

改进计划：制订详细的改进计划，明确解决方案、责任人和时间表，以保证改进工作有条不紊地进行。

3. 持续优化反馈流程

建立持续优化的反馈流程是确保快速响应机制顺畅运行的关键。这包括流程的透明化、自动化以及对反馈数据的及时分析。

流程透明化：用户需要清楚知道他们的反馈进入了什么阶段，了解问题解决的进度。

自动化工具：使用自动化工具对反馈进行分类、分析和转发，提高响应速度，降低人工成本。

4. 提供实时反馈和解决方案

用户提供反馈后，他们期望得到实时的反馈和解决方案。企业可以通过以下方式实现：

自动回复和通知：在用户提交反馈后，系统可以自动发送确认信息，告知用户反馈已收到，正在处理中。

实时在线支持：提供实时在线客服支持，让用户能够在需要时即时获得帮助。

5. 激励用户提供有价值反馈

为了鼓励用户提供更有价值的反馈，企业可以考虑提供一些激励措施，例如：

奖励计划：制订用户反馈奖励计划，给予提供有建设性意见的用户一定的奖励，鼓励他们积极参与。

优先体验权益：向积极参与反馈的用户提供产品或服务的优先体验权益，增强用户的参与感。

用户反馈与改进策略的快速响应机制是企业提升产品或服务质量、满足用户需求的重要手段。通过建立多渠道的反馈收集机制、制订优先级和改进计划、持续优化反馈流程、提供实时反馈和解决方案、激励用户提供有价值反馈等策略，企业能够更好地理解用户需求、提升用户满意度，并在竞争激烈的市场中保持竞争优势。在建立快速响应机制的过程中，企业还应不断迭代改进策略，以适应不断变化的市场和用户期望。只有通过积极有效的用户反馈与改进策略，企业才能真正实现持续创新、提高竞争力，赢得用户的信任与忠诚。

参考文献

[1] 周甜甜.高校图书馆管理与读者服务研究[M].延吉：延边大学出版社，2019.

[2] 江莹.基于信息资源建设与读者服务的高校图书馆发展研究[M].长春：吉林大学出版社，2020.

[3] 王振伟.新时期高校图书馆读者服务工作研究[M].北京：北京理工大学出版社，2019.

[4] 段琼慧.高校图书馆读者服务研究[M].西安：三秦出版社，2020.

[5] 王秀琴，郑芙玉，浮肖肖.高校图书馆管理创新研究[M].长春：吉林人民出版社，2021.

[6] 何津洁.高校图书馆读者服务工作拓展与创新[M].北京：北京工业大学出版社，2018.

[7] 张毅华.新媒介环境下图书馆读者心理演变研究[M].镇江：江苏大学出版社，2020.

[8] 高伟.图书馆建设与阅读服务管理[M].长春：吉林人民出版社，2021.

[9] 李蕾，徐莉.图书馆管理策略与阅读服务创新研究[M].长春：吉林人民出版社，2021.

[10] 杨永华.智慧时代高校图书馆服务创新与发展研究[M].北京：中国原子能出版社，2020.

[11] 郑幸子.高校图书馆管理与服务创新[M].长春：吉林大学出版社，2018.

[12] 何秀荣.高校图书馆创新发展研究[M].北京：中国农业大学出版社，2017.

[13] 黄娜.高校图书馆与学科建设[M].长春：吉林人民出版社，2019.

[14] 任杏莉.图书馆管理与服务创新研究[M].长春：吉林科学技术出版社，2019.

[15] 陈珊珊. 高校图书馆创新服务实践与指导研究 [M]. 成都：电子科技大学出版社, 2018.

[16] 周静. 高校图书馆读者服务工作拓展与创新 [M]. 延吉：延边大学出版社, 2022.

[17] 李红霞, 冀颖, 王金英. 高校图书馆微服务体系概论 [M]. 北京：新华出版社, 2022.

[18] 张理华. 大数据时代高校图书馆信息服务创新研究 [M]. 北京：北京理工大学出版社, 2019.